U0120002

華志文化

華志文化

微表情

心理學

一眼就能看穿他人的內心世界

小心！ 別讓你的眼神與表情出賣你

白金版
199 元

你考慮到了所有細節，卻仍然一敗塗地，
你極力的去掩飾，結果還是被揭穿，
微表情要去哪裡補捉？它是你的朋有還是敵人？

1/25秒有多長？長到別人能輕而易舉地看穿你的故作鎮定，咬嘴唇、摩擦雙手、眨眼睛……最短只出現1/25秒的這些微表情，全部出賣了你。也許你是偽裝表情的高手，但有一種表情卻是很難控制的，這種表情被稱為「微表情」，它最短只持續1/25秒，卻經常左右雙方的情緒，導致誤解、不滿、憤怒。如果你給別人一個壞印象，你的利益也將會受損。

王志艷◎編著

一個人的一言一行、一舉一動，甚至一個眼神、一個笑容，都在向他人傳遞著一些微妙的訊息，這些訊息正好顯示著我們當時的真實心情，以及真正的性格特徵。很多時候，我們想要真正地去了解一個人，了解對方心中的真實想法，並不是一件容易的事情。或是出於防衛，或是出於欺騙，人們通常都會將自己隱藏在一張無形的面具後面，不讓他人輕易知道自己的真實狀態和想法。與此相同，我們自己也會有這種心理和行為，不想讓自己某時某刻的心理活動被他人看透，不想對方輕易地就掌握我們的性格特點。因此，我們也會給自己戴上一張「面具」。

　　然而，沒有人能完完全全地將自己掩藏在面具後面，你的眼神、你的表情、你的舉手投足，甚至你說話的聲音，都會曝露出一定的心理和性格。研究人員曾經做過一個實驗，讓一些人透過做出一些表情將內心感受表達給對方看，結果發現，在人們所做的不同表情之間，或是某個表情和動作裡，都會「洩漏」出其他的資訊。這種表情籠統地稱為「微表情」，它的最短出現時間可以達到1/25秒。雖然我們一個下意識的表情可能只持續一瞬間，但這卻是一種很令人煩惱的特性，因為它很輕易地就曝露出了我們的情緒。比如，當我們在做某個表情或動作時，這些出現時間極短的表情或動作會突然一閃而過，而且有時恰恰是表達出與真實狀況相反的情緒。如果對方是個深諳「微表情」的人，就會透過我們那一閃而過的表情或動作，洞悉到我們真正的心理活動。

　　最顯而易見的例子，就是我們可能在學生時代都有過的這種經歷：上課時，老師在講台上滔滔不絕地講課，而我們卻在座

位上心不在焉，心思早已不在老師講述的內容了。這時，老師突然叫我們的名字，並讓我們複述一下剛才他所講的內容。結果怎樣？我們肯定是面紅耳赤，啞口無言，而心中卻是暗暗納悶：我明明裝作很認真聽講的樣子，老師怎麼會知道我是心不在焉呢？

很簡單，老師已經透過你的表情——空洞的眼神以及一些微妙的動作判斷出，你根本就沒有聽課。

由此可見，對於細心的人來說，要識別他人心中真正的想法，是完全可以做到的。

現在，世界各地的許多政治家都在進行「微表情」方面的研究，並將其運用到現實之中。比如，人們會借助於自己的一些肢體語言向大眾傳遞出一些虛假的資訊，假裝相信一些他們並不相信的事情；或是給大眾或媒體一些錯誤的暗示，從而掩蓋自己的真實心理和想法。不只是政治家，其他領域的從業者對此也甚感興趣，比如，銷售人員會根據客戶的面部表情或隻言片語來確定客戶的購買或拒絕心理。如果你是一位客戶，那麼你在不經意間做出的「微表情」，就可能成為銷售人員決定繼續向你推銷，或是放棄對你進行推銷的重要依據。

透過上面的描述，我們知道了「微表情」會透露出我們很多的真實情感。也許在不知不覺中，我們的「微表情」就已經將我們的內心出賣，使別人獲悉了我們試圖掩蓋的情緒。尤其是在商務活動中，一旦被對手看透內心，我們就可能被對方控制，難以爭取應得的權益。

怎麼辦呢？

這本書是站在保護自己和完善自己的角度，意在幫助讀者弄清楚在社交活動中究竟哪些表情和動作會「出賣」我們的內心想法，並提醒讀者注意，在今後的社交中如何不做或盡量少做出類

似的表情與動作，從而不讓這些「微表情」將我們的內心活動透露給對方。同時，本書也告訴讀者如何根據自己對這些表情和動作的了解，學著去洞悉對方的心理活動，從而讓自己擁有一雙慧眼，掌握更多的社交主動權。如此做到知己知彼，一定能百戰百勝！

目錄

第三章　會說話的臉，洩漏出你的真實情感

第四章　笑也會使你的內心一覽無遺

第五章　頭部動作，讓你的內心不再隱祕

第六章　手部動作，被人看穿了你的「隱私」

第七章　肢體姿勢與動作是內心世界的真實表現

第八章　言談之間，透露出你的心靈密碼

第一章

微表情中隱含著我們的祕密

微表情，是內心的流露與掩飾，是心理學名詞。人們透過一些表情把內心感受表達給對方看，在人們做的不同表情之間，或是某個表情裡，臉部會「洩漏」出其他的訊息。「微表情」最短可持續1/25秒，雖然一個下意識的表情可能只持續一瞬間，但這是種令人煩惱的特性，很容易曝露我們的情緒，讓我們的內心想法表露無遺。

每個人都戴著一張面具

　　在人際交往過程中，我們常常有這樣的感覺：即使彼此互不言語，但人的心理變化也會流露在表情上。心情愉快時，面部肌肉自然就會放鬆；心存悲哀時，自然會傷心落淚。可以說，表情通常要比言語更能明顯地表達一個人的心理狀態。然而，想藉由他人的表情來判斷他人的心情看似簡單，事實上並不盡然。

　　就拿我們自己來說，有時我們的表情、動作、言語也可能會刻意掩飾當時的真實心境，不想讓對方識破自己的真實想法。這時，你明顯展現出來的表情，也許並不是你心中真正所想的。

　　這種情況很常見，因為在社會的人際交往過程中，幾乎每個人都戴著一張面具，心理學稱之為「人格面具」。也就是說，在社會中，每個人所表現出來的，肯定不全是自發的自己，而有一部分是順應別人的期望、社會的看法等。而且，這種「人格面具」對人順利地適應社會也是必須的。

　　首先，現代社會文明禮儀需要有一張「面具」。今天，表情不再只是一個內心符號，其在人際交往中的作用越來越明顯。在談判或洽談生意中，我們可能會經常遇到這樣的情況：對方始終面露笑容，給人的感覺好像是極為滿意的回應，本以為成交是毫無問題的，結果對方卻以各種理由加以拒絕。由此可見，當時對方表露出來的笑容就是一種偽裝，讓人看不清他的「真實面目」。

　　其次，我們的本能也需要有一張「面具」。出於人類自我保護的本能，沒有人願意把自己內心的活動完全曝露給別人，每個人或多或少地都需要擁有自己的「隱私」。在某些場合，我們甚

每個人都戴著一張面具，用以掩飾自己的內心。

至會很擔心自己的心理狀態被別人察覺，於是就會極力掩飾內心活動，表情也會與內心形成鮮明的對比，別人可能無法從我們的表情中看透我們的真實感情，或者我們的表情根本就是偽裝的。

雖然我們極力戴上「面具」來掩飾自己的內心，但是面部的細微表情還是會出賣我們。不經意間的一個微笑、一句話，不知不覺中的一舉手、一投足，都可能成為別人洞悉我們內心的工具。所以，要想讓自己的內心世界真正「保密」起來，不讓自己被表情出賣，我們還真需要多下點工夫。

表情是我們內心的外在反映

我們常常聽到這樣的評價：「這個人很精神。」這裡所說的「精神」，指的就是一個人的表情。人的表情是由人的面部器官、肌肉組織的各自表現而形成的組合效果，因此表情也是我們內心世界的外在反映。

一個人的情緒、心態、自信度和注意力……等等，都會無時無刻透過表情讓他人感覺到和了解到。比如，由於我們對「甜」和「苦」不同的生理反應，就形成了「愉快」和「不愉快」兩類不同的基礎表情。當我們感到愉快、喜歡、幸福、快樂時，我們的面部肌肉就會橫向拉開，面頰提高，額眉部放鬆，眼睛瞇小，瞳孔放大，嘴角後收上翹；當我們感到不愉快、憤怒、恐懼、痛苦、厭惡時，面部肌肉就會縱伸，面頰下降，面孔拉長。當然，也許在出現以上這些情緒時，我們不能看到自己的面部表情，但你完全可以藉由鏡子來看到自己的內心世界在面部的真實反映。

表情也是一個人心理狀態的外在表現。無論在什麼場合，

我們都應該表現得自然、從容，該嚴肅時嚴肅，該活潑時活潑，該沉默時沉默，該微笑時微笑。這樣，才能在人際交往中如魚得水。

古人說：「情，動之於眾，形之於外，傳之於聲。」在人際交往過程中，我們還要善於控制和調節自己的情緒、神態，使之適合交際的需要。神態的錯位或失常，都會令自己的表情、神情與交際環境相矛盾，容易引起別人的誤解甚至反感。

雖然表情的動作基礎是遺傳於我們的祖先，但也需要後天學習，比如新生兒就能模仿父母的動作、表情等。因此，雖然表情是我們內心世界的外在反映，卻也可以人為地加以控制，既可以誇張也可以抑制，還可以掩蓋和偽裝。演員就是透過想像和模仿，真實地體驗所扮演的角色的內心情感。

這就是說，當我們在受到社會環境的局限和影響時，也需要學會透過對表情的控制來掩飾我們真實的內心世界。比如，當我們不高興的時候，仍可以裝出高興的樣子；內心很悲傷，臉上仍然可以很好地控制表情，甚至做出相反的表情。雖然這會給人一種假象，甚至是欺騙，卻是一種謀生的技巧和能力，令我們在社交過程中能夠處變不驚，處之泰然。

由於每個人的天賦不盡相同，這種透過控制表情來掩飾內心真實想法的技巧，是可以藉後天環境的磨練來精進的。間諜和情報人員可能是這方面的佼佼者。但是，除了這些「專業」的人士，通常我們的偽裝還是會露出一些蛛絲馬跡的。有時遇到對表情觀察能力較高的人，這些「蛛絲馬跡」就很可能會「出賣」你，使你的內心被對方看透。也就是說，有些人能夠很敏銳地洞察到對方的表情是否自然、是否有所偽裝，洞悉對方內心的微小變化。那麼，面對這樣的「高手」，你該如何應對呢？這時就需

要注意我們不經意間表露出來的「微表情」。

3　「微表情」讓我們掩飾不了「真相」

所謂微表情，通常是指臉部的一些瞬間表情。人們往往會透過一些表情將內心的感受表露出來，且在不同表情之間，或某個表情裡，還會「洩漏」出其他的訊息，這種訊息就是透過「微表情」洩漏出來的。

微表情最短持續時間為1/25秒，但這是一種令人煩惱的特性，因為它很容易曝露出我們的真實情緒，甚至是一些我們想要掩飾的情緒。當我們在做某個表情或動作時，這些持續時間極短的表情就會突然一閃而過，而且它常常要表達的都是相反的情緒。

在國際上，微表情的研究已經有幾十年的時間。早在1966年，美國有學者就已經注意到微表情這種心理現象。1969年，埃克曼正式提出了微表情的概念，並從此開始了系統性的研究。2000年，日本研究人員也在國際權威期刊上發表了他們的微表情研究論文。

在熱播的美劇《別對我撒謊》（Don't Lie to Me）中，主人翁卡爾往往用令人驚異的方法輕鬆破案：沒有逼供，沒有物證，只是和爆炸案嫌疑人聊聊天，捕捉到了對方聳肩、吸鼻子等幾個轉瞬即逝的表情、動作，便以此為線索找出了爆炸物的安置點，讓人驚歎不已。

其實，這就是微表情的作用。語言可以掩飾，表情可以偽裝，但本能表現出的微表情，卻是真實的。利用臉部細微的表情

不經意的小動作和表情，洩漏了你最想隱藏的祕密。

來分析被觀察者，就可以判斷出對方語言背後的真正涵義，從而推測出他是否在撒謊，最終分析出事情的真相。

比如，一個人後退一步，做了一個抱胸的姿勢，這表達的是肢體阻擋，因此也表明他在說謊。

我們可以用一個歷史事件作為範例。當年，尼克森總統在電視上為自己辯護，他言語鏗鏘地說：「我不是騙子，我的所得都是辛苦賺來的。」但是，尼克森的一個動作卻曝露了他的真實想法：他後退一步，做了一個抱胸姿勢。尼克森在說謊。

在政治界，通常一些參與選舉的政治人物都很老練，外人很難洞察到他們真實的心理想法。然而，如果學會解析微表情，就能透過捕捉他們的微表情而知悉他們真實的內心。因此，在選舉過程中，競選人常常會請專家對競爭對手進行專門的微表情研究與分析，這樣就可以發現對手的一些真實心理活動，從而幫助自己制訂新的應對措施。

在商務談判中也是一樣，我們都想準確地知道談判對手的一些真實想法；同樣地，對方也很想知道我們表情背後的真實內心。有時，即使我們竭力掩飾一些真實想法，在不自覺之間表現出來的微表情，卻可能使我們的真實想法曝露出來。如果對方是個微表情方面的專家，則我們極力想要掩飾的「真相」很可能根本逃不過對方的眼睛。如此一來，對方可能會很快地掌握主動權，讓你陷入被動的位置。談判結果可能很快地就見分曉了。

因此，要想讓自己不被表情所「出賣」，懂得一些微表情知識還是非常有必要的。當然，我們不僅要學會透過微表情洞悉他人，更應該注意自己不經意間表現出來的動作和表情，別讓這些「小細節」洩漏了你最想隱藏的祕密。

面部表情是寫在臉上的心情

　　面部是人的精神的展現，也是個性的象徵，它與軀體有著明顯的區別。面部能夠表現出柔情、膽怯、微笑、憎恨等多種感情，是「展露內心世界的幾何圖」。面部表情是我們最重要的身體語言，是寫在臉上的心情。

　　我們的面部可以表現出很多複雜又十分微妙的表情，且變化十分迅速、敏捷和細緻，可以真實、準確地反映出我們內心的情感。要引起他人的注意，我們完全可以透過面部表情的變化表達出來。因此，在我們尚未開口之前，對方就已從我們的面部表情得到了一定的訊息，對我們的氣質、情緒、性格、態度等有所了解。這也正應了「看人先看臉，見臉如見心」這句話。可以說，面部是一個人價值觀與性格的外在展現。因此在人際交往過程中，對方在看我們時，通常都是先看我們的臉。

　　據美國心理學家保爾·埃克曼的研究，面部表情可分為最基本的六種：驚奇、高興、憤怒、悲傷、藐視、害怕。他發現，不論生活在哪裡的人，表達這最基本的六種感情的面部表情都是相同的。1966年，保爾埃克曼曾到新幾內亞一個仍處於石器時代的部落中，當地的島民與世隔絕，從未見過白人。保爾·埃克曼將一些白人的照片給部落的居民看，他們卻能正確無誤地說出照片上白人的各種表情所表達的涵義。保爾·埃克曼還發現，天生就雙目失明的人，雖然從未見過別人的面部表情，卻能以相同的面部表情來表達情感。

　　古希臘哲學家德謨克里特創立了原子論，被後人譽為唯物論的鼻祖。有一天，德謨克里特在街上遇見了一位熟識的小姐，他

便與小姐打了一聲招呼：「小姐，你好！」

　　第二天，德謨克里特再一次碰到與昨天那位相同打扮的小姐時，卻這樣招呼道：「這……這……太太，您好！」一夜之間成為「太太」的小姐臉上馬上湧上了害羞的潮紅。

　　德謨克里特是如何知道那位小姐「一夜之間變成太太」的呢？就是他仔細觀察了那位小姐的臉色、眼睛的活動情況、面部表情等一系列行為舉止的結果。據說，德謨克里特有種強烈的探索欲望和觀察力，有時正吃著鮮美可口的瓜果，會突然從房間裡跑出來，到田地裡去弄清楚瓜果為什麼這麼好吃。

　　當然，現實中不是每個人都能像德謨克里特那樣善於從臉部看人，這種能力是要透過努力學習和長期實踐才能得到的，它不是雕蟲小技，而是一種極其重要的做人、看人的本領。但是，我們不能因為具有如此洞察力的人不夠多，就忽略自己面部表現出來的微表情，認為自己不會被看穿。有時，也許我們不自覺的一個小動作，就會被對方看透隱藏很久的內心世界。

5　笑容背後，展現的是「心裡話」

　　笑容是人類最主要的表情之一。雖然動物也可以表現出憤怒、恐懼，甚至悲哀的表情，有的動物還會哭泣，但幾乎很少有動物會笑。笑容可以傳達很多訊息，一個微笑往往包含著我們很多的「心裡話」。

　　真誠的笑容，不僅能使我們與他人和睦相處，還能給我們的人際關係，甚至事業帶來極大的成功。

　　戴安娜王妃是世界上最擅長微笑的女性，雖然人們對於戴安

娜的喜愛有一部分是因為她熱中於慈善事業以及她的親民作風，但沒有人能否定，戴安娜的笑容征服了整個英國，甚至是整個世界。由於戴安娜王妃的出現，也打破了英國王室一直保持的保守作風。

戴安娜王紀從不吝嗇自己的笑容，不論是面對皇室成員還是普通民眾，她的臉上始終都保持著真誠的微笑。那種飽含深情的微笑，也讓我們看到了人性中最優美生動、溫暖、善良、純潔的事物。

當我們在解讀「笑容」這張面具時，要明白，笑容有時也是為了掩飾表面之下的各種情緒，如悲傷、恐懼、無聊、憤怒等等。我們多數人在偽裝自己的情緒時，最拿手的表情就是笑容。雖然大多數時候笑容是喜悅的表現，但事實上，笑容也是各種矛盾情感的一種表現方式。

生物學家研究發現，笑可以刺激我們的大腦分泌出一種「內啡肽」的物質，幫助我們放鬆神經，產生愉悅的感覺。在一項測試中，測試者被要求觀察面前的女性照片，然後說出他們對這些女性的感覺。結果發現，保持笑容的女性多數被認為是「年輕的、隨和的和善於交往的」；相反地，那些眉頭緊鎖、面帶憂鬱的女性則被認為是「老氣的、古板的和難以接近的」。

研究表明，笑容是最具有說服力的表情。

當你在微笑著與他人說話的時候，你說服別人的成功機率是使用其他表情的七倍以上。這也是我們在電影海報、平面廣告和電視節目中大都偏愛採用笑容的原因。

笑容可以傳達很多訊息，一個微笑往往包含著我們很多的「心裡話」。因為透過笑容，別人能夠洞悉我們的性格特點和當時的內心活動等。

比如，當我們與陌生人相遇時，露出微笑就是為了向對方表達好感，表明自己沒有敵意；當我們內心感到失望時，我們可能會啞然失笑，這是一種自我解嘲的笑容；當我們與他人微笑交談時，突然因為某個話題而停止微笑，這是對對方的一種無言的警告……等等。

開心的時候，我們會不由自主地露出笑容；當我們極度悲傷、緊張或焦慮時，我們也會大笑，這是由於我們身體的調節機能透過自主調節，為維持情緒相對穩定所做出的一種平衡性應激行為，就如同我們的身體在炎熱時透過排汗來降低體溫一樣。所以，笑容也是身體對於我們心理活動的一種有效的調節手段。

 6　細微動作也可以展示我們的內心

生活中，一些貌似細微的動作往往最容易「出賣」我們，像搓手掌、蹺二郎腿、玩弄頭髮……，這些動作都會曝露出我們內心當中的很多想法。

如果你在社交過程中注意觀察他人時會發現，肢體語言少的人，通常都是比較精明的人。因為這種人知道，肢體語言可以代表一些人的心理，不經意的細微動作，就可能會曝露自己的內心。所以，他們會刻意避免自己做出太多的細微動作，以使自己的真實想法不被別人看穿。

西方銀行家史密斯曾經說過：「魔鬼就在細節中。」

如果將這句話用在工作和生活中，透過實踐就能證明它的確是一句真理。這些細微的動作雖然是瑣碎的，常常不易引起人們注意的，然而，它卻翔實地記錄著我們的性格特徵和思想動態，

也最能反映我們的真實性格和心理。

在著名影片《列寧在一九一八》中，克里姆林宮的衛隊長馬特維耶夫攻入敵人營地。由於馬特維耶夫偽裝巧妙，一直都沒有露出破綻。然而，有一次當他突然聽說敵人要刺殺列寧時，他卻不由自主地在敵人面前站了起來，結果引起敵人的懷疑和追殺。

由此可見，就是這個不經意間的動作，出賣了馬特維耶夫隱藏在內心的祕密。

有時我們感到無聊時，可能會摳指甲；有時我們感到煩悶時，可能會皺著眉頭吸菸；或者在我們焦慮時，可能會將一張小紙片疊來疊去……等等。自己觸碰自己，也是替代行為的一種。比如，當我們遇到挫折、感到焦慮、感到羞恥以致情緒不穩時，我們就會無意識地觸碰自己的身體安慰自己，情緒也會隨之安定下來。也許你不認為自己的這些動作會表露出內心想法，可是一些人往往就是透過你所表現出來的這些細微動作來揣測你的內心世界。因為他們明白，每個人的內心世界都會透過他的細微動作表現出來。儘管此時此刻與對方並沒有語言交流，但你所表現出來的動作，往往比你的語言更能展現你的內心世界。

人的心理活動還會從坐姿上顯露出來。在日常生活中，我們坐什麼座位、怎麼坐，實際上都能反映出我們較深的心理特徵。比如，有的人一坐下就喜歡蹺二郎腿，表明他具有好勝和反抗的意識；有的人喜歡坐下後雙腿完全地併攏起來，則他可能會是一個比較謙虛的人，也可能是一個內心世界比較封閉，聽不進別人意見的人，這種人會給他人一種木訥、古板的印象；有的人喜歡將雙膝併攏，小腿卻是分開的，呈「八」字形，這種人一般給人的印象是內向、羞澀、膽怯……等等。

如果我們不注意這些小細節，在與人交往時過於隨便、不講

究，就可能被人一眼看透。尤其是在商務談判時，如果不能隱藏
自己的真實想法，就會使自己陷於被動，甚至不能為自己爭取到
應得的利益和權利。

因此，在人際交往過程中，如果我們也能多留意別人所表現
出的一些肢體細微動作，並能做出積極、正面的努力，那麼對於
揣摩他人的心理也會有很大幫助。

7　語言最能透露我們的真實想法

一個人的感情和想法透過語言是最能表現出來的。一個聰明
的人很容易透過別人的語言揣摩到別人的內心。即使是那些弦外
之音，也能從說話的過程中逐漸透露出來。

言談的內容固然是表象因素，但言談語速的快慢、語氣的急
緩、語調的高低、語言的內容等等，卻可以充分地展示出一個人
的職業、身分和知識水準。

根據一個人的話語，就可以判斷出此人每天的工作成績、效
率，更能進一步了解他的情緒、個性特徵……等等。張口說話，
其實就是在為自己畫自畫像。

我們可能都有過這樣的體會：當內心感到恐懼或不安時，
說話的速度會不自覺地變快。但是，由於沒有充足的時間讓我們
來冷靜地反省自己，因此所說的話也大多比較空洞。面對這種情
況，心思縝密的人就會窺測到你內心的不安。

五代時期，馮道與和凝都在中書省任職。馮道說話語速緩
慢，而和凝卻是個性急之人，說話辦事都很果斷。由於性格差
異，兩人經常為一些小事而意見不合。

有一天，和凝看到馮道買了一雙新鞋，覺得款式不錯，自己也想買一雙，於是就問馮道：「先生這雙鞋賣多少錢？」馮道慢吞吞地舉起右腳，緩緩地對和凝說：「這隻九百文。」和凝一聽，大急，便對手下的人大發脾氣：「你怎麼告訴我說這種鞋子要一千八百文？」正想繼續責罵時，馮道又緩緩抬起左腳說：「這隻也是九百文。」和凝的怒氣才消。

從故事中簡單的對話，我們就可以看出兩人不同的個性特徵：馮道性格沉穩，說話及處理事情都比較緩慢；而和凝個性急躁，說話與辦事都頗為自我。因此，兩人在語言風格及對話語速上也就各有特點。

可見，一個人說話的語速快慢，足以展現一個人的個性特徵和內心情感。

語調也能夠反映一個人的內心世界。世界著名音樂家蕭邦曾在一家雜誌的專欄裡寫道：「當一個人想要反駁對方的意見時，最為簡單的方式就是拉高嗓門，提高音調。」相信你也有同樣的經驗，當想要給自己壯大聲勢時，最明顯的做法就是提高說話的音調，並且試圖將對方壓倒。

在言談過程中，除了語速和語調外，語言本身的韻律，即節奏，亦與一個人的內心活動息息相關。比如，我們在充滿自信時說話，則語言的韻律較為肯定；相反地，缺乏自信時，說話就會顯得「底氣不足」。一個成功的政治家或企業家，在控制言談的韻律方面，通常都有獨到之處。也正因為這種細節性的處理方式，才令他們更能贏得社會或下屬的認同和尊重。

另外，在日常生活中，許多人說話時往往在無意之中高頻率地使用某些詞語，也就是我們常說的「口頭禪」。

可別小看這些「口頭禪」，這些語言習慣恰恰能展現我們說

話時的真實心理和個性特點。稍不留心，別人就可能從我們的口頭禪中窺見我們的內心世界。

8　聲音，會讓別人潛入我們的靈魂

　　聲音也曾展現我們的內心世界。淺顯地理解，是指別人透過聽到我們的聲音，包括說話聲、腳步聲、笑聲……等，就能知道我們是誰。當然，前提是必須與我們認識，而且對我們的聲音很熟悉。更深一層次地理解，是指別人能夠透過我們的聲音，判斷出我們的內心活動、心性品德、職業愛好……等。雖然這是一個複雜的判斷過程，必須要有經驗的總結，也需要有靈感的湧動。但是，有一些人卻能夠透過聲音來知悉我們的內心世界。也就是說，聲音也可能會出賣我們！

　　從生理學和物理學的角度看，聲音是氣流衝擊聲帶引起空氣振動而產生的。我們常說，心動為性——「神」和「氣」——性發成聲。意思是說，聲音的產生是依靠自然之氣（空氣），也與內在的「性」密不可分。聲音又與我們說話時的心理活動密切相關，高低、輕重、緩急、長短、清濁都有不同，這與人的個性特徵都是息息相關的。

　　鄭國的子產有一次外出巡查，突然聽到山邊傳來婦人悲痛的哭聲。隨從們聽到哭聲便準備救助，可是子產卻命令他們立刻拘捕這名婦人。隨從不敢多言，遵命行事，逮捕了這名婦人。當時，這名婦人正在她丈夫的新墳前痛哭。以子產的英明，不會對此婦人動粗，而子產之所以拘捕她，是因為子產的聞聲辨人之術。他從婦人的哭聲中，聽到的不是哀慟之情，而是充滿恐懼之

意，因此懷疑其中有詭。審問的結果，果然係婦人與人通姦而謀害了丈夫。

　　由此可見，透過聲音完全可以辨別一個人的心事。《禮記·樂記》云：「凡聲之起，由人心生也。人心之動，物使之然也。感於物而動，故形於聲。聲相應，故生變。」意思是說，對於一種事物有感而生，必然表現在聲音上。人的聲音可以隨著內心世界的變化而變化，所以「心氣之徵，則聲變是也」。

　　此外，人們常說「理直氣壯」，意思是說，只要你有了理，說話的氣勢就會很盛，聲音也會提高。但有時有些人根本沒道理，聲音也很「氣壯」，這是為何？其實，這時的提高聲音就是為了掩飾自己內心的軟弱。自己沒道理，內心是很清楚的，可是又不肯承認，於是只得用提高聲音、「氣壯」來逞強硬撐。

　　其實，說話、講道理時聲音的高低，有時也是我們自身氣質的直接展現。如果你有理，就心平氣和地與對方講道理，不必高聲大氣地藉此來使自己顯得強勢，這反而更容易被人看到你內心的軟弱；如果沒理，就更沒必要勉強硬撐了。過分「氣壯」，大吵大嚷，「叫囂式」地給自己撐面子，只會讓你的個性和內心曝露得更多。

　　由此可見，聲音也會洩漏出我們的內心活動。透過我們的聲音，別人也能夠「潛入」我們的內心，窺視我們當時的真實感受。

 ## 説話的內容和方式展現我們的真性情

　　在我們與他人的談話過程中，如果對方細心留意我們談論的

內容，就可以從中獲得一些有關我們性格和心理活動的資訊。雖然我們不是非常直接地觀察對方透露出自己的訊息，但隨著談話的進行，我們也會在有意無意、不知不覺中曝露出內心的祕密。這也就是說，談話也會展現出我們的一些性格特點。

通常，對方透過一次談話內容來探索我們的深層心理，主要有兩種方式：一種是根據我們所談論的話題內容來推測我們的心理祕密；另一種則是根據談話的展開方式探察我們的深層心理，以了解我們的個性特徵。事實上，要想了解我們的性格特徵和內心動態，最有效的方法就是觀察話題和我們本身的相關情況。所以，言談話語也會成為「出賣」我們性情的一個重要途徑。

在社交活動中，雖然我們可以隱藏某種心理情緒，但談話姿態以及習慣談論的話題等自身感興趣的事物，卻會表現出我們自身的某些性格特徵。

也就是說，我們平時一些不為人所知的情緒，往往會從某些話題中呈現出來。所以，對方也可能會透過分析判斷我們的言談話語，來觀察我們的內心祕密。這是對方了解我們內心的有效方法之一。從一定的意義上說，言語是一種現象，人的欲望、需求、目的是本質。現象是用來表現本質的。言語作為人的欲望需求和目的的表現，有的是直接而明顯的，有的是間接而隱晦的，甚至是完全相反的。

對於一些直接表達我們內心動向的語言來說，每個人都能很容易地理解。正常的、普通的人際交往，都是以這類語言作為媒介進行的。那些含蓄隱晦，甚至以完全相反的方式表現心理動向的言語，就不是每個人都能理解的了，但這並不等於別人都不能領會。有些人完全可以透過我們的言談話語，來了解我們的內心動態，發現我們的深層動機。這種知人的方法，就是言語判斷

法。

　　因此，我們的每一句話，每一種隨談話表露出來的表情，都可能成為他人看透我們內心情緒的管道與媒介。例如，如果我們說話時，語氣非常肯定愉快，係表示我們的內心是愉悅的；如果我們話還沒說出口，就已經怒氣沖沖，則我們的心裡一定是非常憤怒的。這些在說話過程中表現出來的「微表情」，其實都是我們內心活動的外在展現。這是想掩飾也掩飾不住的，儘管我們想掩飾，別人也能從我們的神色上看出來。

　　總而言之，言談是一個人品行、才智的外露。對方透過對我們言談的方式、內容等進行分析辨別，就可以達到窺探我們內心世界的目的。因此，我們要想不直接輕易地被對方識破自己的內心世界，最好能在言談方面多加「練習」。即使不能完全掩飾內心，至少不要將自己展露無遺。

10　姿勢會曝露我們的真實意圖

　　每個人都有自己的生活習慣、言談舉止，生活的各個方面都決定著一個人的個性和心理。通常，人們對自己的面部表情都比較敏感，都會有意識地控制自己的面部肌肉，能夠做出一些與自己內心真實想法相悖的表情。然而，一般人都不太注意手、臂、腿、腳等身體語言，但往往就是這些身體語言，最容易曝露出我們內心的祕密。也就是說，我們的手和腳等肢體都是非常豐富的資訊源，這些部分展現出來的姿勢，也會曝露出我們某時某刻內心的真實意圖。

　　很多時候，我們的肢體所傳遞出來的意圖，是語言無法表達

的。因此，我們也將身體各種姿勢和動作展現出來的訊息稱之為「肢體語言」。這些肢體密碼是一種在各種場合、任何情況下交流具體訊息的動作、手勢和習慣的結合。我們在與人交往時，如果不太注意這些動作所傳遞出去的訊息，即使我們想極力掩飾一些內心感受，別人也可能透過我們在不經意間表現出來的肢體語言來判斷我們此刻的內心活動。

可以說，我們的身體會告訴別人許多真實的情況，手勢、站姿、坐姿以及其他身體姿勢，都能說明一些問題，因為這些都是我們的身體想要將某些壓抑的情緒表現出來而發出的信號。每一個手勢，每一個動作，都可以清晰地傳達出我們的真實感受。

西漢時期，御史大夫張湯，他生性殘暴，狡黠多詐，經常諂媚皇帝。御史李文是張湯的下屬，因為看不慣張湯的行為，經常在皇帝面前揭發張湯，因此張湯對李文恨之入骨。

張湯手下有個小吏名叫魯謁居，深得張湯信任。魯謁居為討好張湯，羅織了很多罪名陷害李文，皇帝命令張湯審理李文案，張湯誅殺了李文。

一次，皇帝不經意地問起此案，張湯假裝不知，退朝後他立刻就去找魯謁居商量對策。此時，魯謁居已臥病在床，雙腳紅腫。張湯見狀，親自站在床邊給魯謁居按摩。碰巧這一幕被趙王看到了，他想，從沒見過一位御史大夫如此服侍一個小吏，這其中一定有不可告人的祕密。

於是，趙王馬上將這件事向皇帝報告，皇帝趕緊讓人調查，果然查出了李文之死是張湯為了公報私仇而一手策劃的冤案。

由此可見，我們日常表現出來的身體姿勢有時可能比語言更能展現我們內心的祕密。對於每個人來說，我們不僅可以透過身體姿勢閱讀他人的性格和心理，同時還應該多留意自己的一些

身體姿勢。因為在觀察別人的同時，我們也在被別人觀察著。要想不被別人看透內心的真實意圖，在與人交往時，尤其在商務談判的過程中，我們就需要盡可能少地向別人洩漏自己的「肢體語言」。

第二章

你的眼睛也會出賣你的心

在與人交往中，有90%的非語言訊息是來自我們的面部，如眼、眉、嘴、鼻、面部肌肉等的細微變化。而眼睛則集中了面部表情的大部分訊息，源自內心的各種情緒，衝突、煩惱、愉悅，總會不自覺地透過變化的眼神流露出來。正因為眼睛的這種特性，別人也很容易透過我們的眼睛看到我們的內心世界。眼睛，也許在不知不覺間，就已經出賣了自己的內心。

眼神裡最能流露出「真情」

眼神，是人們用來傳遞訊息的一種重要手段，同時也是一個人最真實的內心寫照。

有的人喜怒哀樂都不會輕易顯露在臉上，即所謂「喜怒不形於色」；不過，人們仍能從對方的眼神中窺視到一些端倪。成語「心神不寧」中的「神」指的就是眼神，意思是說透過眼神可以窺視到對方內心的不安。

因此，眼神通常是最能流露出「真情」的。

早在春秋戰國時期，著名思想家孟子就有過精闢的闡述，他認為，眼睛是判斷人心善惡的準則，所謂「存乎人者，莫良於眸子，眸子不能掩其惡。胸中正，則眸子了焉；胸中不正，則眸子眊焉。」據傳古代官員在斷案時，經常會透過注視原告和被告的眼睛來辨別是非。

眼神不僅最能反映自己的內心活動，我們也可以透過眼神在某種程度上看懂對方的內心活動。知道了這個道理後，在和人相處時，既可以向對方表達你的好意，同時也可以向不喜歡的人表達你厭惡的情緒。

眼神為何能表達出如此多的心理活動？原來，人的大腦分為左右兩部分，左腦主要有語言等關於意識思維的功能，右腦則主要負責掌管有關形象等方面的感受，並將其加以表現和應用。另外，很重要的一點是，人的左腦支配人的右半身活動，右腦支配左半身活動。具體來說，掌管語言的左腦考慮問題時，人的眼球就會比較容易朝右活動；而掌管形象的右腦活動時，人的眼球又會比較容易向左做出反應。而且這一眼神的活動變化是非常細微

眼神裡最能流露出「真情」。

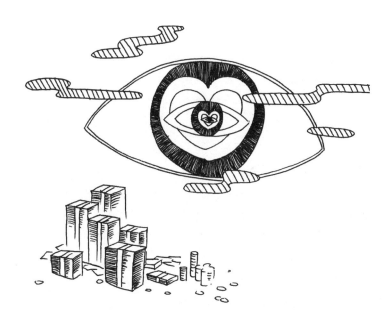

的。

　　具體言之，當你的大腦中浮想出從未經歷過的場面時，你的眼神就會下意識地向右上方移動；當你聯想到以前曾經有過的經驗時，你的眼神就會下意識地向左上方移動。

　　與人交往時，如果能掌握這一法則，我們就可以透過眼神看到別人的內心。不過，倘若別人能明白這一法則，則對方就可能會透過你的眼神判斷你的內心活動。甚至能透過你的眼神變化，來判斷你是否在說謊或在極力掩飾什麼。

　　我們可能有過這樣的經驗，當我們與對方談話，眼睛注視著對方時，此刻內心一定是對對方比較重視的。這時，你的目光傳達出去的涵義，就是一種尊重和重視對方的表現。相反地，如果我們看一眼對方馬上就移開了視線，這可能是你的性格內向，不知如何與對方交流；或是對對方缺乏興趣。

　　當我們在與別人交談，忽然一時不知要說什麼時，我們的視線通常會不自然地移開；或者一旦對方注視我們，而我們感到羞澀、膽怯或不自在時，也會將視線馬上移開。其實，我們的內心此時很糾結，覺得自己不能很好地表達自己，有些難為情，甚至有些自卑。如果對方是個細心的人，便可以從你的眼神和視線中窺探你此刻的心理活動。

　　另外，如果我們的眼神是斜視著對方的，你本來想表達的意思可能是讓對方不感興趣，不用正眼看他。事實上，這在別人看來反而是你對對方很有興趣，而且又不想被對方識破；或出於某種目的，暫時不方便於表露自己的心理。此時，你可能不知道，你的心思早已被對方看透了。

　　眼神，不僅能表現出一個人的性格，更能展現出一個人的內心活動。在社會生活中，如果我們內心擁有任何欲望和情感，通

常都會流露在眼神中，有時可能想掩飾都掩飾不了。

 ## 2　眼球的運動洩漏了你的內心祕密

　　眼神是無聲勝有聲的交流手段。然而，即使沒有眼神的交流，眼球本身的運動也是一種語言。同樣地，眼球的運動也會洩漏我們的內心祕密。在一些文學作品中，作者經常會用「眼球滴溜溜地轉」形容一個人的精明，用「死魚眼」形容一個人的呆滯、古板。這些形容並非人們的臆想，而恰好說明眼球的運動在某些方面的確可以表現出一個人內心的活動規律。

　　嘗試對著鏡子想一想，你將錢包落在了哪個房間？你有幾件米色的衣服？同事小李長什麼樣？此時，你看到自己的眼球是如何運動了嗎？沒錯，它們都在向上運動。其實，不論你是在回想過去的情景，還是在勾畫未來的場面，只要是有畫面感的情景，我們的眼球就會向上運動，進入視覺影像。如果你是在仔細聆聽音樂或聽別人說話，眼球就會在眼睛的中間。這意味此時你已經進入到了聽覺的世界。相反地，當你感到腰痠背痛、被花刺刺到了手，或者被家裡的小動物傷害時，你的眼球就會向下運動，因為此刻你正被感覺、身體觸覺的情緒所控制著。

　　看到他人眼球上下運動時，我們可以由此類推，看到別人的內心活動。同樣地，我們眼球的運動，也會給別人傳遞出很多訊息。當你認真聽別人講話時，你的眼球絕對不會向上翻起；當你正在積極動腦時，你的眼球也絕對不會定住不動。總之，眼球向上時，是視覺的、影像的；眼球在中間時，是聽覺的、聲音的；眼球向下時，則是感覺的、身體的。

眼球運動是一種內心
的語言，蘊藏著非常
豐富的內心活動。

對於大部分人來說，眼球向左邊運動都是對過往的記憶，眼球向右邊運動則是對未來的幻想。當然也有例外，那就是左撇子。

　　比如，當眼球向左運動時，你可能正在回想昨天午餐吃了什麼，前天去了哪些地方，上個月認識了幾個朋友……等等，諸如此類的問題。當眼球向右運動時，你可能是在規劃明年的工作，或者是在思考你的新家如何裝修更好。可見，在回憶過去和設想未來時，我們的眼球是會向不同方向運動的。

　　如果眼球出現迅速地左右運動的情況，表達的意思便有所不同。你是否注意過，通常在辯論賽上，辯論選手們的眼球運動都是高頻率的。而且，它會出現在受到攻擊的一方。這就是說，被詰難者的眼睛會快速地左右運動，因為他的大腦正在展開緊張的思考，希望找到合適的辦法來應對詰難。可見，在別人眼裡，當我們在絞盡腦汁思考時，也一定會有這樣的眼球動作。

　　此外，當我們感到緊張、不安，或懷有警戒心時，眼球也會左右運動，因為此時我們希望在全幅的視野中把握住情況，盡量蒐集情報，或者試圖穩定心情。

　　由此可見，眼球動向蘊藏的內心活動非常豐富，它能夠告訴我們別人的內心所發生的任何事；同樣地，它也會向別人傳遞著我們的內心所發生的任何事。當然，如果你不想被別人窺視到真實的內心，那麼在「眼球問題」上你就要有所警惕了！

3 不同的眨眼方式，透露出你不同的想法

　　眨眼是一種非常正常的眼部動作。在安靜、放鬆的狀態下，

人的平均眨眼頻率是每分鐘十幾次。一般情況下，成人每分鐘只需要眨眼六、七次就可以令眼球保持濕潤。當人們感到興奮、煩亂、緊張或憂慮時，眨眼的頻率就會提高。當人們放鬆下來，眨眼的頻率則會恢復正常。因此，眨眼也能透露出一定的內心活動。

眨眼是有一定頻率的，正常情況下，每次眨眼時眼睛只閉上0.1秒的時間，這是一種下意識的行為。但是當我們感到有壓力或不安全時，這個時間就會有所延長，甚至有時會大於0.1秒許多，這是我們的大腦在企圖阻止眼前的人進入自己的視線或範圍之內。如果你對別人做出這種無意識的動作，表明你對對方的感覺很糟糕，甚至是感到厭煩，已經無法忍受再與對方糾纏下去，希望對方在你的眼前消失；或者表示自己比對方有優越感，有蔑視對方的涵義。這種眨眼方式，就是在向別人傳遞你內心的不友善態度。總體來說，延長眨眼的時間間隔屬於西方文化肢體語言的一種，尤其是英語國家中自認為是上流社會人士的人們，經常會做出這種動作來顯示自己的高貴。

當你快速眨眼時，傳遞給別人的又會是什麼樣的內心活動呢？通常，如果你在一秒鐘之內連續幾次眨眼，就表示你對某件事物或某個人很感興趣。但是，也可能是你的內心正在進行著劇烈的思想抗爭，對某件事有些猶豫不決，於是就會借助這種微妙的小動作顯露出來。此外，當我們感到壓力大或說謊時，眨眼的動作也會明顯增加。所以，透過你的眨眼方式，別人便可能窺視到你內心的一些小祕密。

在與人交談時，倘若你心不在焉或者感到很疲乏，眨眼的頻率就會變得很慢、很拖查。這時，如果對方夠聰明，就會從你的眨眼頻率中知道你的內心感受，他會明白，此時你對他所說的話

缺乏興趣。很快地，你會發現，對方可能會試圖改變話題，以便重新引起你的注意。

此外，連續眨眼，一副要哭的樣子，代表你此刻正在極力地壓抑自己的心情。

如果連續眨眼，而且動作誇張，眨眼速度較慢，幅度卻較大，你傳遞出去的訊息就是一種驚訝或者不信任感，彷彿在對別人說：「是真的嗎？」如果眨眼睛時，連帶動睫毛的振動都很明顯，而且會刻意用力地煽動眼睫毛，你要表達的就是一種刻意的誇張。有些小女孩會用這種動作來裝無辜，像在說：「不是我的錯，不是我做的。」

擠眼睛也是眨眼的一種，亦即用力地一眨眼睛，向對方傳遞某種訊息。通常，這種使眼色發生在我們與對方在對某件事達成一致時，一般在極有默契的兩人之間發生，以此表達我們與對方對某項主題有共同的感受或看法。有時，我們與朋友之間也會使用擠眼睛來讓對方知道要保守某個祕密，讓對方不要說出來，兩個人心知肚明就好了。

4　目光是傳遞你內心訊息的管道

目光是人類心靈的視窗中發出來的指引明燈，傳遞著人們的內心資訊。透過一個人的目光，我們可以搜索到其內心的想法。

《三國演義》中有一則小故事，有一個外國使者要見曹操，曹操覺得自己個子較為矮小，長相不夠俊美，就叫另一個身材高大又英俊的衛士冒名頂替他，自己則假裝成衛士站在一旁。

見過面以後，使者退了出來，與曹操方面的陪同人員說：

「我覺得你們的丞相雖然相貌堂堂，卻沒有一點大國丞相的威儀；倒是他身邊的那個衛士，目光炯炯有神，有著難以言說的丞相風度呀！」

這個故事說明，一個人的目光可以透露出一個人的內心訊息，甚至是他內心的祕密。

各種各樣的目光，給人的感覺和它所表達的意思也是多種多樣的。比如，在社交場合與人交談時，我們的目光大多集中注視在由對方的兩隻眼睛和嘴巴所組成的倒三角區域內，這樣可以給人一種平和、輕鬆、自然的感覺，令彼此之間的氣氛顯得不那麼緊張和壓抑。

通常，當我們和別人說話時，40％至60％的時間裡，我們會和對方的目光相接；在聆聽別人說話時，這個比例會上升至80％。因此，如果想和其他人建立起友好的關係，就應該在談話時多向對方投以友善的目光，這樣的做法一定會讓交談對象對你產生好感。反之，如果在和別人談話時緊張怯懦，目光不敢注視對方，對方對你就會產生不信任感。這同時說明，為什麼我們在商務談判時不能戴墨鏡，因為這會讓對方認為我們是藉著鏡片的掩護盯著他們，或是躲在鏡片後逃避他們的目光。

善於觀察別人的人，常常能夠透過一個人的目光來窺視對方的內心世界，從而基本上可以判斷這個人的過去經歷是否順利，心態積極還是消極，為人友善還是孤僻……等等。如果一個人的目光炯炯有神，則他給人的印象就是對生活充滿信心，或具有很強的領導力、堅定的意志力和不懈的創造力；就算他過去遭遇過失敗和挫折，但內心卻依然堅強。

相反地，如果一個人與人交往時目光呆滯、冷漠，那麼他給人的印象肯定就是內心消極、頹廢，生活不夠如意順心，或者對

目光，就像一條管道傳遞著人的內心世界。

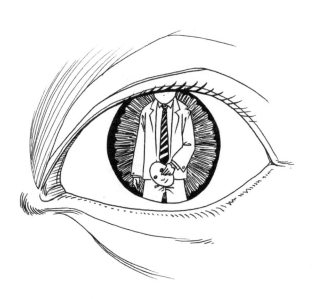

人生未來缺少希望……等等。

　　還有一種屬於威嚴的目光。試想，如果對方的額頭正中具有第三隻眼睛，把你的目光投向假想的第三隻眼睛與其他兩隻眼睛所組成的三角區域內，那麼這種目光立刻就會讓對方感覺到你的威嚴。不過，在友好或是浪漫的場合，千萬不要採取這種威嚴的目光，否則會令人感到緊張、尷尬。

　　在特定的社交場合，如果你的目光看起來溫和柔弱或怯懦無力，建議你練習一下這種威嚴的凝視，讓自己具備威嚴的感覺。當你可能受到別人的攻擊時，試著學習肉食動物在襲擊獵物前使用的眼神，不要眨眼，死死地盯住對方的眼睛。盯著攻擊目標的時候，要把眼皮壓低，視線盡量集中在對方的眼睛。如果你面前站著好幾個人，你還可以在不眨眼的情況下將目光在他們身上一一審視。這樣，接收這種目光的人一定都會感到你的威儡力。

5　目光注視的方向，代表著你的心境

　　目光是人類肢體語言的重要表達方式，目光注視的方向不同，代表人們不同的心境。比如，人們常說的「望穿秋水」，表達的是目光中滿載的思念之情。當你在社會中與人交往的時候，有很多場合不方便用語言來表達，就可以借助目光來表達自己的心境。

　　在人際交往過程中，你是正眼看著別人，還是斜眼瞪著別人，這是一個非常重要和巧妙的交際問題。通常，在與對方初次見面時，都要用正眼來注視對方，表達對對方的尊重；斜視則會引起對方的誤解，認為你不夠尊重對方。當然，斜視也能傳達另

一種情況，就是對對方的欣賞和支持，不過這種涵義要結合其他多種肢體語言才可以表達出來。

除此之外，觀察對方時，目光注視的方向是從上向下看，還是從下向上看，所表達的心境也是大不相同的。

如果你是上司，在與下屬討論工作時，你的視線通常都是由高處發出，而且眼神會自然地直接投射下來。這樣的目光，傳遞的是一種對下級保持威嚴的心理。相反地，倘若你是下屬，在與上司交談時，雖然並未做什麼錯事，目光則往往會由下而上地移動，這樣的眼神會顯得比較軟弱和順從。

可見，目光注視的方向不同，表達的心態也是大有區別的。從上而下，所傳遞的是一種威嚴和優越感；從下而上的目光，代表的是軟弱，或是對對方的尊重、順從，或是刻意謙卑。

當戴安娜王妃在婚姻遭遇危機時，就採用了這種眼睛「由下向上看」的姿勢，贏得了全世界的同情：下巴微微內收，抬起眼睛，從下向上看，露出纖細的脖子，表現出她的孤單、痛苦與無助。這個姿勢幾乎已經被戴安娜王妃整體藝術化了。這個孩子般的姿勢，令她獲得了成千上萬人的憐惜。尤其當人們認為戴安娜王妃遭受英國王室的攻擊時，更是希望能像父母一樣保護她、呵護她。

這一種表示順從、謙虛的姿勢，通常不需要刻意練習，有時在特定的場合你不經意間就會表現出來。但是，這種不經意間表現出來的目光和姿勢，往往能產生很好的效果。

不過，也有例外，這種例外與職位高低、是否想獲得同情都無關，而是性格因素所致。一般，在交往時，性格內向的人容易從下而上地開始注視別人，而且也容易移開視線。美國的比較心理學家理查科斯曾做過一個實驗，讓患有重度「自閉症」的兒童

與陌生的成年人見面，以觀察他面對成年人時間的長度。將成年人的眼睛遮住與不遮住的兩種情況相比較，發現兒童注視前者的時間居然為後者的三倍。這就是說，雙方眼光剛一接觸，兒童就會立刻移開視線。由此可知，性格內向的人，大多不太習慣從上而下地注視別人，或無法較長時間地注視對方。

 ## 6 目光堅定不一定就說明你是誠懇的

　　我們知道，在人際交往中，與他人交談時要遵守的規則是，應在談話時注視著對方的眼睛，這樣做首先是一種禮貌的表現，其次也可以傳達你正在認真傾聽的訊息。但研究發現，即使我們目光堅定地看著對方說話，我們的內心也不一定就是誠懇的。

　　研究人員曾做過一個實驗：他們找來一群人，將這群人分成兩組，讓他們面對面坐著，然後讓其中一組人對另一組人說謊，研究人員事前在隱祕處裝置攝影機鏡頭，將整個過程拍攝下來。結果讓人很驚訝：在實驗者當中，只有大約30%的說謊者在說謊時其眼神游移不定，很容易就被研究人員發現。其他70%的說謊者，都是目光堅定地看著對方。因為他們知道，眼神游移就會被對方發現在說謊，所以他們採取反其道而行之的方法避免被識破。

　　一般來說，當你在說謊時，目光會游移，眼珠通常會偏向一邊，如果對方能了解這個微表情，就會知道你在說謊。如果你不想謊言被識破，那麼你的目光一定要表現得非常堅定。

　　同樣的道理，當一個人目光堅定地看著你時，他並不一定是誠懇的，有可能是個說謊高手。在這種情況下，要知道對方是否

說謊，可以透過看他們的瞳孔來判斷。

　　心理學家研究發現，人們的心理活動與瞳孔變化有著非常密切的關係。西方流傳一則賭徒詐騙莊家的故事，可以說明兩者之間的密切關係。這個聰明的賭徒在下注時，都會先下小金額的賭注，然後他會密切觀察著莊家的反應。如果賭注押中了，莊家的瞳孔就會驟然擴大，賭徒就會加大籌碼，莊家屢次輸錢，但他卻不知道自己是如何被識破的。

　　在了解了上述情況之後，當你在聽別人講述事情時，便不能只將目光堅定作為傳遞內心誠懇訊息的手段了，因為這可能是不可信的。所以，你必須在目光堅定地看著對方時配合其他的肢體姿勢，以便讓你的誠意看起來更為可信。

　　比如，在聽別人講話時，我們應當在目光專注地看著對方的同時，還用點頭、插入發言等方式表達自己的意見和看法，或由衷地讚歎對方，藉此來進一步告訴對方，你對他的話非常認可、非常重視。

　　當你向別人講述某件事時，為了讓你說的話更具有說服力，首先應在講話時與對方進行一定的目光交流；其次，應該提出讓對方相信的證據，如相關的具體資料、人物、地點等。此外，還要養成說真話的習慣，讓自己成為一個值得別人信任的人。

瞳孔的變化，展示著你的情緒變化

　　人的眼睛最能表露人的內心隱祕和情感，正如一首小詩所寫：「眼睛是心靈的窗戶，不會隱瞞更不會說謊。憤怒飛濺火花，哀傷傾瀉淚雨，它給笑聲增一層明亮的閃光。」

眼睛表情達意的功能是極為複雜而微妙的，但它有一個明顯的特點：看到很喜歡的人或事物，瞳孔會異常擴大，從而讓我們最大限度地吸收光亮，向大腦輸送足夠的視覺資訊，使內心的快感更加強烈，也持續得更久一些；看到不喜歡的人或事物時，我們的內心就會產生消極的感受，這時瞳孔就會縮小，甚至會縮到針眼那麼細小。

　　比如，一個正常的男人在看到一位美麗迷人的女性時，他的眼睛會瞪得比平時大。當一個女人看到自己喜歡的衣服時，瞳孔同樣會增大。當孩子看到自己喜歡吃的食物時，瞳孔也會放大，而且還可能伴隨著口水增多的現象。

　　科學研究也說明：瞳孔變化最能反映出一個人內心世界的變化。凡在出現自己強烈感興趣或具有追求動機的事物時，瞳孔就會迅速擴大。據說，古代波斯的珠寶商人在出售首飾時，總是根據顧客瞳孔的大小來索價。如果一只鑽戒的熠熠光澤能使顧客的瞳孔擴張，則商人就將價錢要得多一些。

　　呈現在眼前的美味食品也會令人的瞳孔放大，而饑腸轆轆的人瞳孔會放得更大。如果再加上吞嚥的行為，就構成了人們常說的「饞相」了。

　　瞳孔的變化是我們不能自主控制的，因此很容易成為別人窺測我們內心的一種途徑。瞳孔的放大和收縮，真實地反映著我們複雜多變的心理活動。如果我們感到愉悅、喜愛、興奮時，瞳孔就會放大為平常的四倍；相反地，如果我們感到生氣、討厭，出現消極的心情時，瞳孔會收縮得很小。倘若瞳孔不發生什麼變化，則通常是我們對所看到的事物感到漠不關心或是無聊的。

　　除了視覺刺激，其他感官接受的刺激也可以引起瞳孔的變化。當我們聆聽喜愛的音樂，或是品嚐美味的食物，或者感到恐

懼、緊張、憤怒、疼痛時，瞳孔都會出現擴大的反應。相反地，如果我們聽到不愉快的事，或聞到不喜歡的味道，抑或我們感到身體勞累、疲倦時，瞳孔就會縮小。可見，瞳孔與心理活動是息息相關的，它的變化時刻都在展示著我們的情感波動。

總之，如果別人也了解到這些訊息，就會在日常交往中利用我們瞳孔的變化規律來探測我們對某種事物的興趣、愛好、動機，以及對異性的愛慕與否……等等的心理變化。瞳孔的放大或縮小完全是無意識的，也是難以掩飾的，因而會透露出我們內心的祕密，使我們的內心活動透過瞳孔的變化而被對方盡收眼底。

8 視線——最能展現內心深處的東西

視線，不只是目光的聚焦點所在，它的變化還可以展現很多內心深處的東西。如果內心有任何的慾望或情感，必然會表露於視線上。因此，當別人想要讀懂我們的內心時，就會細心留意我們的視線變化。

在商務談判的場合，視線常常會發揮很大的作用。如果想要表達一種嚴肅認真有誠意的態度，我們可以利用以對方的雙眼為底線，額頭中心為頂角，所形成一個視線的三角區域。如果你的視線集中在對方的這個區域，那麼你就可以好好地把握住談話的主動權和控制權。

在與人交往的過程中，也可以將你的注視範圍集中在以兩眼為上線、唇部為下頂點所形成的面部倒三角區域中。當你和別人進行普通的談話交流時，注視著對方的這個部位，可以給人一種輕鬆而平等的感覺，也能讓對方感覺到你的尊重，從而創造出一

種很好的社交氛圍。在一些茶會、舞會，或是各種友誼聚會的場合中，採用這種注視方式比較合適。

除了要注意視線的注視範圍外，我們還要注意注視的角度和方法。如果我們的視線死死地盯住一個人，尤其是盯住對方的眼睛，不論你是有意還是無意，都會給對方一種不夠禮貌的感覺，令對方感到不舒服，甚至會有一種受到侮辱和挑釁的感覺。所以，如果不是在必要的場合，最好不要使用這種視線。

另外，瞇起眼注視對方所傳遞的也是一種不太友好的訊息，會給對方一種驕傲或漠視的態度。在西方，如果對異性瞇起一隻眼睛並眨動兩下眼皮，會被認為是一種特殊的調情。對於女性來說，這就是一種無形的騷擾。所以，這種視線最好不要隨便採用。

有時，如果我們在與對方視線接觸時刻意地迴避，或將視線快速地移開，則會給人一種不夠專心或心虛的感覺，這將很難得到對方的重視和信任，甚至會影響你們將要進行的話題或活動。

當你在與人交談時，如果視線飄忽不定或刻意表現出來回移動、搜索的現象，就會反映出你猶豫不決、舉棋不定的心理。如果是在商務談判中，有可能很快地就被對方捕捉到這種視線所傳遞出來的心理，對方就可以迅速地採取應對措施，奪得談判的主動權。

遇到不相識的人，在我們與對方的視線偶然相交時，可能會立刻轉移。因為我們覺得被別人看久了，會被對方看穿內心或被侵犯隱私權。當我們在等公共汽車，或站在戲院賣票口排隊買票時，多為背向後面的人，這樣做不僅是為了往前進，也是為了避免與不相識的人視線相交。但也有我們樂於面對面的人，例如朋友、夫妻、親人、戀人等。對於這類人，我們會彼此默許自己隱

私權受到某種程度的窺視，因此偶然的視線相交，方便於相互言談，進行心靈溝通。

睜眼閉眼間，你已經曝露了自己的心事

　　眼睛與臉部的其他部位不同，它周圍的肌肉更為發達精巧。這樣的特性既能保護眼睛不受傷害，又可以使眼部本能的動作反射性很強，從而能最直接地反映人的內心活動。

　　比如，當危險物品襲來時，眼睛周圍的肌肉就會反射性地讓眼瞼立即閣上；當強光照射時，眼球內部的瞳孔立即收縮，以避免眼睛受到刺激。正是因為眼睛具有這樣本能的反應，也就不可避免地成為臉上最誠實的部位之一。一些源自內心的各種情緒，衝突、煩惱、愉悅，總會不自覺地透過眼睛的動作流露出來。

　　在眼睛的各種動作當中，睜眼和閉眼是最頻繁的。你可能不知道，睜眼和閉眼這個最自然不過的動作，有時也會讓你曝露出心事。行為學家亞賓高曼認為：對異性瞄上一眼之後，馬上閉上眼睛，其實就是一種「我相信你，不怕你」的體態語言，從而流露出此刻自己的內心活動。而且當看到異性時，並不是把視線移開，而是閉上眼後，再翻眼望一望，如此反覆，表達的就是一種尊敬與信賴。尤其當女性這樣看男性的時候，甚至可以認為兩人很快就有交往的可能了。

　　我們先來說說閉眼這個動作吧！從生理意義上看，閉眼代表著睡眠、休息，是生命不可或缺的一部分。同時，閉眼還具有防衛的意義，即遇到危險時，眼睛就會不由自主地閉起來。以保護眼球不受到傷害。可見，閉眼這個動作其實表達了一種我們想要

保護自己的心理。正是眼睛的這種趨利避害保護自己的動作，展示了我們複雜多變的內心活動。

通常，當我們感覺受到脅迫時，或碰到自己不喜歡的人或物時，就會主動閉上眼睛，透過阻斷視線，避免看到自己不想看到的東西。有時，我們想表示輕蔑、不喜歡對方、生氣，或聽到不喜歡的聲音時，也可能會瞇起眼睛、閉上眼睛，或者遮住眼睛。這時，在外人看來，我們此時可能是心不在焉，或是在懷疑對方，或是表達不滿。

與閉眼相反者，睜眼則意味著一種積極的心理態度。因為喜歡眼前的人或物，就會把眼睛睜得大大的，最大限度地吸收光亮，從而獲取更多的外在資訊。我們都有過這樣的經驗，當看到喜歡的事物或遇到久違的朋友時，都會用力睜大眼睛，表示內心的歡喜。小寶寶的表現最能充分地說明這一點。當小寶寶看到自己的媽媽或是喜歡的玩具時，就會在瞬間睜大雙眼，傳遞出一種積極的心理信號。

另外，睜眼還說明我們正在觀察一個令自己舒適的人或物。為什麼羅曼蒂克的相遇總是發生在燈光朦朧的地方？答案就是瞳孔擴張。因為在微暗的光線中，人的瞳孔會不由自主地擴張，從而讓相遇的兩個人互相產生吸引力，成就羅曼蒂克的愛情。

但是也有例外的情況，當我們突然遇到一些讓人吃驚、害怕的事情時，我們就會睜大雙眼，表示我們內心的驚恐和不安。

10　凝視也是一種內心活動的展現

凝視也是一種內心活動的展現。通常，當我們不樂意將內心

的想法告訴對方時，多半就會凝視對方，且多數情況下，對方也能從你的凝視中讀懂你的意思；其次，就是我們打算向對方傾訴心事時，也會凝視對方許久，以便調整心情，準備訴說。另外，如果你是一位女士，當你對某位男士有好感時，你可能會在某些時候用熱情的目光凝視著對方，眼神中流露出你嘴巴裡沒有明確說出來的對對方的好感。

長時間的凝視，不是表達愛，就是表示恨，而且仇視的程度與相互凝視的時間又成正比。也就是說，凝視的時間越長，仇恨的程度就越深。比如，當你與別人爭辯甚至吵架時，往往就會在不自覺間與對方怒目而視，瞪著對方。而且對方也會從你眼中看到憤怒和仇視。這種凝視往往表明要求對它有所反應，如果沒有出現適當的反應，就會導致氣氛更加緊張，被凝視的人就會產生逃離的想法，所以這是很不禮貌的一種行為。

凝視也是表達愛意的一種方式，而且彼此愛的深度與相互凝視的時間也是成正比。凝視的時間越長，所要表露的愛意也越深沉。這樣的目光，可以製造出一種提高親密程度的力量。無論是在電影或是電視劇中，我們都可以輕易地發現：戀愛中的男女不僅使用語言，更會使用微妙的眼神相互配合去表達情感，而凝視就是其中的一種表達方法。比如，女人有時會用語言去表達自己的愛意，男人不只是聽到這些語言，還從女人凝視自己的目光中體會女方的真實想法：她是在說真話嗎？她到底有多愛我？德國著名心理學家梅賽因說：「眼睛才是了解一個人最好的工具。」此言不假！一對男女一旦彼此成為戀人或是夫妻，即使短暫的目光凝視，也能給予對方很大的精神滿足感。

有時，長時間的凝視還是一種對「隱私」的侵害。因為不管有意或者無意，將視線集中於某處都是作為一個人企圖擴大其勢

力範圍的表現之一。當你在與別人單獨交談時，你的視線朝向對
方臉部的時間，應該佔談話時間的30%至60%。在交談過程中，
如果凝視的時間超過了這個範圍，你幾乎是連續注視著對方在說
話，那麼你給對方的感覺就是：你對他本人要比他說話的內容更
有興趣。而且整個過程中你可能連一個字都沒聽進去。

　　相反地，如果你凝視對方臉部的時間少於整個談話過程的
30%，即幾乎不看對方的臉在交談，對方就會認為你在試圖掩飾
什麼，你是不敢正視對方。

　　另外，當你就某些事對某人有所隱瞞時，你在與對方交流
時會不知不覺地凝視對方，而且目光久久都無法移開。這時，你
所傳達出去的訊息其實是你有難言之隱，或在刻意迴避對方的話
題，不太希望對方知道。

11　眼皮也是洩漏內心祕密的管道

　　對於最能傳情達意的眼睛來說，眼皮的作用就顯得微不足道
了。然而，眼皮雖然是很小的一部分，但它的一些變化，也同樣
能夠反映我們的某些心理活動，從而成為別人知悉我們內心的另
一個管道。

　　那麼，眼皮能傳達出哪些訊息呢？

　　從進化論的角度來說，上眼皮皮下脂肪較豐厚的單眼皮，要
比上眼皮皮下脂肪單薄的雙眼皮進化程度更高。

　　眼皮主要擔負著保護眼睛的作用，單眼皮則是為了更有效地
發揮這一作用而進化來的。眼皮不僅具有這樣的生理功能，還可
以展現一個人的性格特徵。

　　科學研究說明，單眼皮的人個性比較冷靜沉著，邏輯思維強，觀察力和集中能力比較優越，意志堅強，做事細心、謹慎，感情的表達方式含蓄內斂。即使眼前站的就是平日自己欣賞或喜歡的人，也會盡可能地保持鎮定，不露痕跡。雖然為人積極，其表現卻讓人感到冷漠而熱情不足。而且，單眼皮的人通常耐力較強，比較能夠承受壓力，因此能夠成為組織的主管人才。

　　雙眼皮的人直覺性強，熱情爽朗，順應性和協調能力較強，行動積極，感情豐富，對別人一些貼心的舉動或噓寒問暖，尤其是來自異性的，非常容易受感動，因而往往抵抗不了異性的誘惑。

　　有一些人是內雙眼皮，這種人通常感性與理性平衡，既不會過度熱情，也不會過度冷漠。這樣的人善解人意，能適時表達情感，不會扭扭捏捏，也不會過於大膽熱情，所以比較不會發生「表錯情」或「會錯意」的情形。

　　下眼皮則可以反映一個人的精神狀態和健康狀況，比如是否有過度疲勞現象、是否患有疾病等。將擁有充足睡眠的人與缺乏睡眠的人進行比較就可以發現，睡眠不足者的下眼瞼周圍呈現黑色，並有黑眼圈。過度疲勞、病魔纏身、心情憂鬱等，都會引起這種症狀。當然，一般來說，下眼瞼周圍也會隨著年齡的成長而相應地出現皺紋、眼袋等現象。

　　一些電視上的主持人、有教養的貴夫人、良家子弟及大家閨秀等，諸如這些被稱為「裝飾櫥窗」的濃妝豔抹的女士，我們可能很難從她們的臉上窺得有關性格心理等方面的訊息，因為許多人會使用化妝品掩飾臉部的瑕疵。但是，她們的眼皮卻不能完全被掩飾，因此她們的眼皮會在不經意間洩漏出其內心的祕密。

　　由此可見，在社交生活中，小小眼皮的作用也不可小視。俗

話說：「欲察神氣，先觀目睛。」在人際交往中，為了能讓自己立於不敗之地，除了對別人以誠相待外，還要多留意自己的種種小細節，甚至連眼皮的情況都不能隨便忽視，否則它就可能洩漏我們原本想掩飾的祕密。唯有多做準備，才能讓自己在社會交際中佔據主動地位。

第三章

會説話的臉，洩漏出你的真實情感

在社會交往過程中，人們往往最先注意到的就是對方的面部輪廓和動作，因為這其中具有的訊息有助於識人。所以，即便很多時候我們沒有説出內心的真實想法，但「相由心生」，一些面部特徵或不經意間流露出來的面部表情，也可能會出賣我們，使我們的內心活動和真實想法在不知不覺中曝露給他人。

眉毛的變化，與你的內心活動息息相關

眉毛是眼睛的守護神，也是傳情達意的心靈之窗。成語「眉飛色舞」，就是說一個人內心活動的外在表現，充分說明了眉毛在肢體語言表達上的重要作用。古代相士在觀察人的面相時，首先說到的就是「印堂」（雙眉中間的位置），可見眉毛的作用不可小覷。

人的一顰一笑都會帶動著眉毛的變化，這些隨之引起的眉毛變化，讓我們的情感在不經意間流露出來。而且眉毛的變化非常豐富，心理學家指出，眉毛可有二十多種動態，也分別展現著我們不同的內心活動。因此在與人交往時，如果不想讓別人看透你的「祕密」，最好能注意眉毛的變化，別讓眉毛不經意間的動作出賣了你。

通常，當你對某件事表示不理解，或者心中存有較大疑問時，你可能會在不經意間揚起一邊的眉毛。這時，你給別人透露的訊息，就是你對這件事感到不理解、懷疑。你揚起的那道眉毛，就是在向對方提出疑問。

通常，人在高興的時候都會「眉飛色舞」。具體的表現是，有時雙眉上揚，有時還會迅速地上下活動，這時你表現給別人的情緒就是心情愉快，或表示贊同、親密、歡迎。一般來說，這種動作都是比較受人歡迎的。

皺眉則代表著很多種不同的心情，比如驚奇、錯愕、詫異、否定、傲慢、希望、疑惑、困惑、憤怒和恐懼……等等。

皺眉的情形包括防護性和侵略性兩種。什麼是防護性的皺眉呢？就是保護眼睛免受外來的傷害。但是，光是皺眉還不行，

相由心生，一張會說話的臉。

還需將眼睛下面的面頰往上擠，眼睛仍睜開，並注意著外界的動靜。當我們面臨外界攻擊、突遇強光照射、強烈情緒反應時，就會出現這種典型的退避反應。至於侵略性的皺眉，其基點仍是出於防禦，是擔心自己侵略性的情緒會激起對方的反擊，與自我防衛有關。而真正展示你的侵略性的眼光，應該是睜眼直視、毫不皺眉的，通常這種表情顯露出來的情緒，會被別人認為是厭煩、反感、不同意……等等。

眉頭深皺的人，流露出的情緒通常都是很憂鬱的，基本上是想逃離目前所處的境遇，但經常因為某些原因不能如此做。如果你在大笑的同時皺眉，就說明你的心中其實是有輕微的驚恐和焦慮的，而你的眉毛也會洩漏出你明顯退縮的資訊。雖然此時你的笑可能是真的，但無論你笑的內容或對象是什麼，它們都給你帶來了相當的困擾。因此，此時你的眉毛傳遞出去的訊息，是你的笑所無法掩飾的。

此外，如果你經常會有眉毛打結的動作或表情，也就是兩道眉毛同時上揚及相互趨近，通常也是表示你感到非常煩惱和憂愁，一些患有慢性疼痛的患者就會經常這樣。如果眉毛全部降下，則表示你相當憤怒，甚至已經到了憤怒的極點。成語中的「面沉似水」，就是這個意思。在這種情況下，即使再傻、再遲鈍的人，也能夠體會到你的壞情緒了。

◉² 鼻子也能透露你的祕密

在相互交流時，一個人的心理活動往往會從鼻子的變化中展現出來。不相信嗎？鼻子也會洩漏你的祕密的！

鼻子所展現出來的訊息，通常是由鼻孔的變化表現出來的。一般來說，人在憤怒或恐懼時，鼻孔都會張大。因為人處於興奮或緊張的狀態時，呼吸和心跳都會加速，所以也會相應地出現鼻孔張大的現象。可見，小小的鼻孔除了能幫助我們呼吸外，還擔負著傳達主人內心祕密的額外任務。

當然，鼻孔張大也不完全都表示內心緊張、興奮或恐懼，可能只是一種自然反應，例如我們在爬山或搬動重物需要用力時，鼻孔就會隨之擴大。

除了以上兩點外，鼻孔還會給別人傳遞出「輕視」、「不屑」等訊息，成語「嗤之以鼻」就是這個意思。

因此，當你聽到別人說一些不著邊際或吹牛皮的大話時，即使你努力不表現出輕蔑，你的鼻子也可能會出賣你哦！因為鼻子可能會透過鼻孔出氣吭聲來展示你內心的蔑視和嘲諷。這一點在與人交往時需要引起你的注意，如果你不想讓對方看透你的內心，最好學會控制一下你的鼻子。

不僅鼻孔會向外人展示你的內心世界，鼻頭也有這種「本事」。你有沒有鼻頭冒汗的經驗？如果沒有，一旦你在某些場合鼻頭冒出汗珠，即使你想掩飾此刻自己的心情，你的鼻頭也出賣了你，因為此時你傳遞給對方的訊息是：你的內心感到焦慮、緊張、為難或者害怕。

如果此時正在談判或談生意，對方就會因此而看透了你的內心，並乘機向你刁難，那麼這樁交易很可能會對你不利。可見，與人交往、談判或談生意時，穩定自己的情緒是相當有必要的。

另外，有些人有摸鼻子的習慣。雖然這只是一個非常不易引人注意的小動作，但從心理層面上說，這卻是一個非常有意義的動作，因為它會向別人傳達出你內心的很多想法。

鼻子也能透露你的祕密。

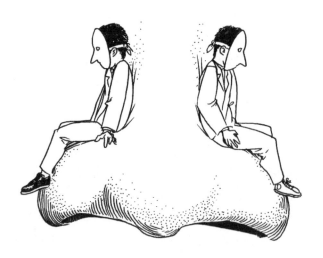

比如，有人請你幫忙，而你感到為難，直接拒絕又覺得駁對方的面子。

此時，你就可能會一邊答應著，一邊摸鼻子；或者猶豫著沒有答應，手也在摸鼻子。這時，你傳遞出去的訊息其實就是拒絕。雖然摸鼻子不是你刻意做出來的動作，若對方能看懂你的這個動作，則他也能明白你的態度了。

在遇到難題時，人往往會不自覺地摸鼻子，這表示你在猶豫，或感到困惑，或正在絞盡腦汁地想辦法。如果我們故意去問一個孩子一些他不懂的問題，他大多數時候都會做出這種用食指摸鼻子的動作。因此，在談判時，如果你下意識地表現出這個動作，對方就可能因此而摸清你的「底細」，並進一步要求你盡快與其達成協議。所以，如果你不想就此被對方看穿的話，最好能克制一下這個動作。

由此可見，如果你不想讓別人輕易地看透自己的內心，就要時刻注意自己的這些小動作，以免自己在不知不覺間就被自己「出賣」了。

 ## 3　嘴部動作，讓別人看透你的心

人的嘴巴是重要的五官之一。嘴巴也能為我們做很多事。吃東西時，我們需要用嘴巴咀嚼；與人交往時，我們需要用嘴巴說話。嘴巴長時間地運動，使得嘴部周圍的肌肉變得異常發達，嘴部的動作變成了被人看穿內心的突破口。因此，關注自己或他人的微表情，絕對不能忽略了嘴部。

不知你有沒有這樣的習慣動作：說話時習慣用手遮住嘴巴，

或將嘴巴湊到對方的耳邊，即所謂的「交頭接耳」。用手遮住嘴巴的動作分成以下好幾種，比如將整個手掌都貼近鼻子來遮住嘴；或用微微分開的手指遮住嘴；或將雙肘撐在桌面上，用重疊的雙手遮住嘴。然而，不管哪種姿勢，這種身體語言都在顯示著你的內心活動，即對他人存在一定的警戒心理，因此才採取了這種不願被他人識破自己本意的防禦姿態。還有打電話時，如果你也習慣用手捂著話筒說話，也表露了你的這種心理特徵。

達爾文說：「以手掩嘴是一種吃驚的姿勢。有時一個人對他所說出的話感到抱歉或吃驚時，就會這麼做。這動作好像是希望能制止我們所說的話，雖然這話已脫口而出了。」

一些執法人員認為：說出話後突然以手掩口的人，顯露出的是一種由自我懷疑到完全說謊的情緒。所以，當執法人員在審訊嫌疑犯時，就會特別注意這一動作。

一位美國聯邦調查局的工作人員宣稱，由於工作的嚴格保密性，他在公共場合和同事談話時經常要做以手掩嘴的姿勢，防止別人偷聽。結果，習慣成自然，回家後他在與父母說話時，也經常用手掩住嘴，他的父母說：「兒子，你用不著提防我們，不必捂著嘴說話。」在父母的監督下，他的這個習慣才逐漸改掉。

另外，抿嘴和嘟嘴這樣簡單的面部運動，也會表現出你的內心活動。

在做抿嘴這個動作時，上下嘴唇都需要施加壓力，使嘴巴閉合得更緊，意圖阻礙任何東西進入體內。事實上，此時你應該會有一種比較消極的情緒反應，比如你可能遇到了麻煩，或有什麼煩心事。根據這個動作，別人便可以斷定你遇到的問題並不大或是隱性的，且可能是長期存在的。

如果你的嘴唇已經變得僵硬，甚至歪斜，此時別人會從你的

嘴部表情斷定你的內心應該是相當焦慮不安的，認為你可能遇到了較大的麻煩，正身處困境之中。如果事情進一步發展，則你可能很快就會出現哭喪的臉孔了。

通常，嘟嘴的動作會出現在孩子的臉上。小孩子在不如意時，就會嘟起他們的小嘴，甚至很快地就發出哭聲。我們成年人通常不會輕易地嘟起自己的嘴巴。但是，有時我們還是會在不經意間快速、幅度不大地嘟嘴。為什麼？因為稍微嘟嘴是我們想要說話的前兆。我們可以回想一下，我們是怎麼樣看出一個人欲言又止的？恰恰就是看他嘟起的嘴巴。

此外，談判時我們容易出現縮攏嘴巴、將嘴巴嘟起的動作，此時這個動作表示的是我們反對或不贊同他人的意見，想要發表自己的觀點。因此，如果你不想反對別人的意見，就要適當注意自己的嘴部動作了，別出現這樣的動作，被別人誤解。

4 咬嘴唇時，你的心裡在想什麼

最不容易引起人注意的咬嘴唇的動作，其實是一種涵義非常豐富的肢體語言。在不同的場合，這個小小的動作也會傳達我們不同的心理活動。

我們可能都有過這樣的經驗：當內心感到緊張時，比如在眾多人面前發言時，就會出現咬嘴唇的動作。之所以如此，可能與我們在緊張時的生理反應有關。在緊張時，人的心跳就會加快，血液流動也會加快，流經嘴唇的血液也會相應增多，從而導致嘴唇出現一種輕微的腫脹感或微癢感，這種熱乎乎的感覺就會令我們下意識地去碰觸它。而碰觸嘴唇最簡單又最隱蔽的方法，就是

上齒輕咬下嘴唇。

　　內心感到焦慮時，我們也容易做出咬嘴唇的動作。在2001年美國的「911」恐怖事件發生後，獲悉這項消息的總統布希就下意識地咬住了嘴唇。後來在其他許多場合，只要涉及到該事件，布希總統都會下意識地做出這個動作。在其他一些場合，當局勢令他感到有壓力時，他也會用這個小小的動作來掩飾自己的焦慮感。

　　我們感到惱怒時，有時也會出現咬嘴唇的動作。尤其是在一些商務談判的場合，當談判結果可能對我方不利時，我們多會出現鼻子輕皺、輕咬嘴唇的動作。如果恰好對方是個深諳心理的人，你的這個小動作所曝露出來的心理就會被對方看透。

　　另外，當我們被人誤解和侮辱時，我們也會很自然地咬住嘴唇，這表示我們內心很不滿，但希望能夠控制自己的情緒。也就是說，我們此時正處於隱忍狀態，情緒很可能馬上就會爆發。

　　除了咬嘴唇外，當我們在內心緊張、恐懼，或者感到不安全時，會下意識地做出咬筆桿、咬指甲等動作。這種動作也可以視為是另一種咬嘴唇的動作，兩者有相似的涵義，即希望透過這一動作獲得一定的心理安慰。

　　總而言之，咬嘴唇這個動作通常都會流露出我們內心的一種消極情緒，或對現狀的不滿，或感到焦慮、不安等。很明顯的，這在人際交往過程中是不利的。

　　要想改掉這個小動作，心理暗示在一定程度上發揮較大的作用。比如，當我們在遇到困境時，不妨一遍遍告訴自己「我不緊張」，我們的情緒就會漸漸地平穩下來，緊張感也會得到緩解。因此，針對自己咬嘴唇動作出現時的心理狀態，可以設計一種有助於緩解情緒的簡短語言，一旦這種心理出現，就在心裡默念，

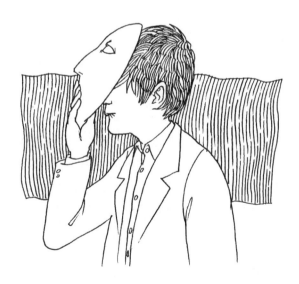 咬嘴唇時，你的心裡
在想什麼？

從而逐漸消除緊張和不安。

需要提醒大家注意的是，在面試或者與異性約會時，須盡量避免咬嘴唇這類動作出現，不僅因為看起來不夠雅觀，還因為這個動作多半傳達的都是內心的一種負向信號，會令對方對你的印象大打折扣。

5 舌頭的動作也會「出賣」你

人們通常不會輕易曝露自己的舌頭，所以舌頭的動作能給外人提供的訊息很少。但是，這並不意味著舌頭的動作就不值得重視。因為舌頭是可以露在外面的，故而也成為身體語言的媒介：可以傳遞出各種資訊。

通常，如果你習慣用舌頭舔嘴唇，說明此時你的壓力比較大，時常感到口乾舌燥。用舌頭舔一舔嘴唇，可以讓嘴唇滋潤一下，實現自我安慰。用舌頭反覆摩擦嘴唇表示的內心需要也是一樣的。

如果伸出舌頭，說明你此刻備感尷尬，希望藉伸舌頭的小動作緩解一下氣氛。相信別人看到這個可愛的表情後，會諒解你的無心之過。有時，伸舌頭的動作有可能說明此時你正專注於某件事情，著名球星喬丹在球場上就會經常出現這樣的小動作。

通常，小孩子吐舌尖是一種頑皮的行為。但這個動作如果發生在成年人身上，在外人的眼中，就可能是你剛剛僥倖逃過了一劫，或是被人發現你正在做某件事時感到尷尬的表現。好奇心很重的人容易做出這個小動作，比如當你正偷看別人的電子郵件時，郵件的主人突然回來，你趕緊關掉郵件。此時，你極有可能

在轉身的瞬間拍著自己的胸脯，吐了吐舌尖。這個下意識的動作，在外人看來也是在進行一種隱性的溝通，說明終於完成，可以做一個了結，吐吐舌尖鬆一口氣。在舌頭的動作裡，更值得討論的，是舌頭會表達出你「拒絕」的各種動作。

比如，當你不慎受到巨大的驚嚇時，除了目瞪口呆、雙手平舉、掌心向外，還可能會把舌頭長長地伸出來。這些動作，就是一種誇大的「拒絕」動作。這就像嬰兒用舌頭頂開他不要的食物一樣，是一種拒絕方式，只是這種拒絕的程度更大了一些。

由於這種動作是自己被驚嚇時的身體語言，當你想要侵犯別人時，就會「己所不欲施於人」，用這種動作來侵犯別人。這就是「侵犯的吐舌頭」，也就是所謂的「吐舌頭，扮鬼臉」。這種動作的目的在於嚇人，它的根本性目的仍是「拒絕」，甚至還有可能轉化成「輕蔑」。

通常，如果你碰到某種小驚嚇、小尷尬時，就會不經意地有吐舌頭的動作；但這種吐舌頭的動作時間不會持續太久，一下子就很快地縮回來。這種形態的吐舌頭，在幼稚園孩童身上非常容易看到。這種吐舌頭動作所表達的就是程度最輕微的拒絕。由於這種動作並沒有侵犯性，而且多發生在幼童身上，所以儘管幼稚園教師會在孩子伸舌頭後加以制止，但這種動作還是會持續，成為一種「裝可愛」的表現，用來表示不是那麼嚴重、小緊張、小驚嚇、小尷尬等感受。

吐舌頭除了表示你的拒絕、驚訝、尷尬、扮鬼臉、裝可愛外，還可能表達你有一種心理：那就是「僥倖逃過一劫」！

所以，一旦你有上述動作行為，在平時與人交往時要注意，如果你不打算被人識破，就不要輕易讓舌頭「出賣」自己的內心想法。

6　牙齒也能展現你的教養

　　不知道你是否注意到，美元上的華盛頓肖像看起來好像有一口整齊而健康的牙齒，但事實並非如此。據記載，華盛頓患有牙周病，牙齒很早就掉光了，滿口都是假牙。而且由於當時假牙的製作技術很差，他只要張口一笑，假牙隨時都可能掉下來。所以，華盛頓的其他肖像則很少會展露笑臉。唯獨在拍攝美元上的頭像時，攝影師讓華盛頓先取下假牙，然後再在他的口腔內暫時填上棉花，才勉強拍出了一張面容最為自然的照片。

　　現代人更加重視牙齒的作用，不僅是因為牙齒的健康關乎身體的健康，更是因為有一口漂亮潔白的牙齒可以給人留下很好的印象，因而更加注重潔牙護牙。不過，從牙齒上還是能夠讓人輕易地看出我們的年齡和性格。雖然我們大多數時候對自己的年紀都守口如瓶，但只要別人夠細心，依然可以透過觀察我們的門牙猜出我們的年齡。

　　門牙上下各有四顆。兒童滿七歲時，門牙便可長齊，外形有點像鋸齒；等長到十六歲或十八歲時，牙齒上部尖尖的鋸齒狀才會被磨平。因此，如果我們的門牙還是尖尖的，則對方會認為我們一定還很年輕。相反地，如果在別人面前曝露出很多牙齒問題，比如牙齒脫落、牙齦出血、牙縫殘留菜渣等，對方就算不看我們的容貌，也可以判斷我們的年齡比較大。

　　很少有人能夠平靜地正視自己的衰老，但華盛頓做到了。要全面地認識和了解華盛頓，就需要注意到他只剩下兩顆牙齒的事，華盛頓的行為也許與這兩顆牙齒是密切相關的。華盛頓知道，牙齒的脫落是身體衰老的明證，一個只有兩顆牙齒的人，可

能真的不足以支撐一個新興的百業待舉的國家。因此，華盛頓主動放棄權力，回到家鄉平靜地度過晚年，開創了總統任期不得超過兩屆的傳統，也杜絕了後繼者對權勢與地位的貪戀。這一做法，除了說明華盛頓具有純真、誠實的品格之外，也說明了他對其他健康生命的尊重。

由此可見，牙齒不僅能洩漏一個人的年齡，也能展現出一個人的性格特徵。儘管你對此難以想像，然而事實的確如此。

一般說來，如果你的牙齒潔白、整齊而堅固，而且與臉形比較相襯，那麼你給別人的印象就會是性格爽朗、樂觀、熱情，富有活力；倘若你的牙齒不夠整齊，一定有人告訴過你，你是個情緒比較容易波動的人；生有齙牙的人，大多會給人心直口快、做事比較馬虎的感覺；門牙較大的，則會給人一種外向、熱情、好動的感覺。

另外，牙齒的清潔度在一定程度上展現了你的受教養程度。通常，牙齒上殘留的飯粒菜渣，或者滿口黃牙，可能要比你穿一件髒衣服更會給人一種缺乏教養的感覺。

7　下巴的動作，是你內心情緒的展現

從生理學和解剖學上講，下巴只是一個能夠擔任發聲和咀嚼功能的器官。心理學家稱，一個人的下巴動作也能展現出內心的情緒。比如，當你在壓力比較大時，會習慣性地做伸長下巴的動作。從體態語言的角度看，凸出下巴的動作屬於攻擊性的行為，被人視為「撲上去狠揍他一頓」的情緒。

不過，這種情況在西方人比較多見。東方人則恰好相反，憤

怒時通常習慣縮回下巴。

　　這主要是由於東西方的環境和文化的差異，東方人往往藏而不露，以尋找機會攻其不備。不過，西方卻恰好有這樣一句諺語：「縮起下巴的人最陰險。」由此可見，如果你在因為憤怒而縮起下巴時，其實你的心理活動是非常複雜的。

　　日常生活中，如果你習慣做出下巴凸出程度較大的動作，說明你的自我主張程度較高。比如：如果你習慣盡量伸長和抬高自己的下巴，在別人看來，你會認為對方比自己低一等，你認為自己很明顯地站在優勢地位上，而且你認為自己的主張是沒有人能反對的。

　　如果你平時走路時就喜歡趾高氣揚，「高視闊步」，在別人看來，你就是一個自信滿滿且傲慢的人，因此走路時下巴才會抬得高高的。

　　與抬高下巴的動作相反，縮緊下巴的動作則會展現出你的順從心態。這表示你不僅不敢反對抗對方，而且在有意地縮小自己的勢力範圍，甘願接受別人的意見，展現出你服從的心理。

　　下巴表現出來的內心情緒，除了下巴的動作之外，還包括與手搭配的動作，也就是手部接觸下巴所表現出來的身體語言，比如用手撫弄下巴，或者手掌托住下巴等動作。不知道你自己有沒有感覺到，當你在陷入思考時，往往會無意識地用手托住下巴或撫弄下巴。當別人看到你的這個動作時，或許就不會來打擾你，因為他們明白你正在思考問題。當你用拇指托住下巴，這時你傳達給別人的訊息就是：你思想嚴謹，而且具有強烈的批判態度，或者你想用截然相反的意見去說服對方。

　　除此之外，無意中撫弄下巴的動作，也會展現你的內心。從肢體語言學的觀點看，這個動作展現的是一種自我親密性。通

常，當一個人在喪失自信、孤獨、不安，或者遇到話不投機的尷尬場面時，就會藉接觸自己的身體來掩飾自己的尷尬心態，或者安慰和調節自己的情緒。

如果你是一位女性，經常在不經意間做出這種托著下巴或撫弄下巴的動作，在別人看來，這可能是你感到孤獨，藉此來獲得一定的安定感的表現。

可見，下巴表現出來的簡單而不經意的小動作，也會向別人展現出你的內心世界。

8　耳朵的「語言」也會洩漏你的祕密

或許你認為，耳朵既不會有什麼明顯的動作，也不會說話，怎麼會洩漏我的祕密呢？

的確，耳朵是我們面部五官中最不起眼的；不過，它在五官中除了擔任聽覺的重擔之外，還發揮美觀的作用。更重要的是，還涉及到一個人的健康、天賦、個性等諸多方面的訊息。

耳朵雖然沒有動作和語言，但是耳朵的形態、大小、位置等因素，也能夠傳遞給人們很多資訊。

即使是一個陌生人，也可能在初次見面時透過你的耳朵了解到你的性格特徵和內心世界。

當然，這可能是你無法隱藏和掩飾的，因為你不可能給耳朵戴上套子。但是，你可以透過耳朵的這一作用來了解自己，或者預知自己的健康訊息，甚至可以透過耳朵來了解別人。

大多數人的耳朵都是標準型，如果你具有這種標準型的耳型，就會給別人一種非常安全、可靠的感覺。讓別人覺得，你是

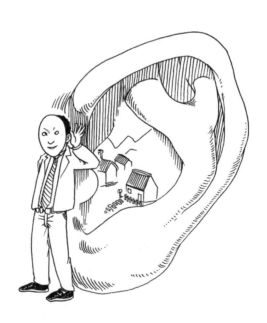

耳朵「語言」，也會洩漏你的祕密。

　　個大氣、不拘小節的人，對於別人的求助會毫不猶豫地熱心幫忙。一般，擁有這種耳型的人，具有明確的生活態度，會讓很多人喜歡與之交往。

　　如果你的耳朵屬於耳下型，則你應該是個個性爽朗、不拘小節的人。但是，別人在剛剛接觸你時，可能會感覺你不夠親切，不容易相處。事實上，這是他們對你的偏見，你內在性格穩重，實踐能力強，通常都是社會或公司裡的菁英分子。

　　相反地，如果你的耳朵屬於耳上型，則你可能就是個性格內向、不善表達的人了，甚至有些神經質。在別人看來，你可能真的是個比較難相處的人。不過，如果能遇到情投意合的人，你會很快地與對方成為朋友。

　　如果你的耳朵屬於小耳型，則你給人的感覺就是過於敏感，難以相處，容易為一些小事煩惱，比較悲觀。不過，由於你比較謹慎、細緻，所以你在工作方面經常能做得盡善盡美，尤其是總能在細微之處做得完美。在與你相處時，通常別人會感到緊張，有時甚至非常小心，因為你容易誤解他們。如果你能放寬心胸，樂觀一些，你的道路會更寬廣。

　　如果你的耳朵屬於大耳型，那麼你給人的印象就會是精力旺盛，具有很強的耐力。即使遇到較大的困難，也不會輕易放棄。所以，你所展示出來的性格特徵往往是積極主動、樂觀向上，具有充沛的活力。不過，你的個性特徵也可能會引來別人的嫉妒，因而造成潛在的對手，他們可能成為你事業成功的障礙，所以你也需要經常自我反省，自我改進。

　　總而言之，耳朵雖然不像臉部其他器官，能夠明顯地表露出一個人的個性特徵，但它也不可忽視。在與人交往時，這些難以掩飾的特徵會成為別人了解你內心的途徑。當然，這也同樣可以

成為你了解別人內心的一面鏡子。

 透過鬍鬚，你的內心更容易被看穿

鬍鬚是男性特有的標誌。在古代，如果一個男性沒有很好的鬍鬚，就可能被認為缺乏男子氣概。所謂「男兒無鬚不美」，古人稱男子為鬚眉漢，並視鬍鬚為男子壯美形象的標誌。三國時期的關羽人稱「美髯公」，諸葛亮為了評寫關羽羞與老兵黃忠同列的不滿，特意稱讚關羽是「不如髯之超群絕倫」。這個「髯」就是讚美之詞，說關羽是真正的男子漢。

現在很多人則認為，男性蓄鬍鬚不只是為了美觀，還代表著他不願被人看透內心，希望借用鬍鬚來掩飾自己，使自己變得比以往更加神祕。

事實果真如此嗎？男性蓄鬍鬚真能讓人無法看清內心嗎？

如果我們留心觀察一下，就會發現男性選擇蓄鬍鬚，以及選擇鬍鬚的長度、樣式等，其實都是自我內心的一種展現。可以說，鬍鬚的存在，反而讓別人更容易看穿他們的內心。

通常，生活中蓄鬍鬚的男士幾乎都是愛美之人。很多男士的鬍鬚都是經過精心打理的，並不是隨隨便便讓它長，我們幾乎很少看到頂著一圈糾結鬍鬚且邋遢不堪的男士。

這些男士如此注重自己的鬍鬚，不外乎以下幾種心理：覺得鬍鬚可以令自己看起來更酷、更帥氣；想藉此掩飾臉部的缺陷；年輕的男士蓄鬍鬚多是為了讓自己看起來顯得更成熟一些；而上了年紀的男士蓄鬍鬚，則可能是為了遮住臉部出現的皺紋。

可見，鬍鬚不僅是一個男士愛美之心的展現，也是這個男

士個性心理的展示。如果你是一位娛樂圈的工作人員或者在校學生，你留鬍鬚就可能是為了展示自己的藝術氣質或者叛逆性格。當然，你還可能是為了顯示自己的威嚴或男子漢氣概。我們都知道，大獨裁者希特勒身上最明顯的特徵，就是他那撮卓別林式的短髭。這樣的短髭，襯托著他那矮小的身軀，十分引人注意，既能滿足他「想受人注目的欲求」，又能激起當時德國民眾的激昂情緒。留在下巴的絡腮鬍子，同樣有一種顯示威嚴或權威的涵義。有些國家的領導人就喜歡借助下巴上的鬍子來樹立自己的形象，像胡志明的長鬍子、卡斯楚的絡腮鬍等。而且很有趣的是，不論是中國的神話傳說，還是外國的奇幻作品，那些法力無邊的人總是會留著一下巴的漂亮大鬍子。顯然，鬍子也是為了表現男主人翁剛毅的性格或強烈的自我主張意識。

不過，並不是所有蓄鬍鬚的男性都性格剛烈，有的性格是非常懦弱，缺乏自我個性。這種類型的人，多半是想將自己在語言、行動上不敢表現的自我主張，藉由蓄鬍鬚的行為來加以補償。

當然，懶散的人留著骯髒的鬍鬚，就不是什麼可研究的神祕的事情了。

10 臉色變化暗示著你內心的波動

中醫看病講求「望聞問切」，透過觀看臉色即可判斷是否健康。臉色不僅具有這樣的功能，還會流露出心情的變化。也就是說，臉色變化是會顯現出我們當時的心理活動。

臉紅是最常見的臉色。當人們有害羞、憤怒和高興……等等

心理時，大腦皮質就會刺激腎上腺，腎上腺素導致更多的局部血液流過臉頰，使得臉部不由自主地變紅。當然，這只是一般狀況的臉紅，不同的情緒也會引起不同程度的臉紅。比如，我們與不熟悉或比較重要的人交往時，就會出現心跳加快，臉部發紅，有時可能伴隨鼻尖和額頭細細的汗珠，這說明我們此刻的心情是很緊張、很激動的。

我們感到尷尬時也會臉紅。法國著名影星蘇菲瑪索在2005年的坎城影展上不小心走光，她的臉上立刻出現了尷尬的紅暈。這種臉紅是伴隨著突如其來的羞澀所產生的自然反應。

當我們的臉色呈現灰色時，別人會因此而判斷我們此刻應該是心情欠佳，正處於不悅狀態；臉色發青時，則猜測我們是否要發怒或正對某人不滿；當遭遇驚嚇時，我們的臉色大多會變成白色，但有時在隱瞞不可告人的祕密時，我們的臉也會變白。如果我們的臉部紅一陣、青一陣，有時轉為蒼白，別人會猜測我們此刻可能正處於極度氣憤的狀態，因為這是腎上腺素一陣陣地大量分泌，導致血管收縮、交替充血貧血，或使血管較長時間地處於貧血狀態的緣故。

所以，臉色的變化可以流露出我們內心的活動或動機，有時甚至還能成為別人判斷我們個性特徵的一面鏡子。

戰國時期，魏惠王雄心勃勃，廣招天下名士。有人向魏惠王推薦淳于髡，因此魏惠王多次召見他，每一次都摒退左右與淳于髡傾心密談，但前兩次淳于髡都沉默不語，使得魏惠王很難堪。事後，魏惠王就責備推薦人不該舉薦淳于髡。

推薦人私下問淳于髡為何如此，淳于髡回答說：「其實我也很想與魏惠王傾心交談，但第一次，魏惠王臉上有驅馳之色，想的是驅馳奔跑一類的娛樂之事，所以我沒說話。第二次，我見

他臉上有享樂之色，想的是聲色一類的娛樂之事，所以我也沒說話。」

推薦人將這些話告訴了魏惠王，魏惠王回想，自己當時心裡想的的確如淳于髡所言。

狄德羅在他的《繪畫論》一書中說：「一個人心靈的每一個活動都表現在他的臉上，而且刻畫得很清晰、很明顯。」由此可見，當我們與他人交往時，無論是否面對面，都會下意識地透過臉色表現出各種情緒，同時我們也會時刻觀察別人的臉色和情緒變化。正因為如此，人們的社會交往才變得複雜而細膩深刻。在高明的觀察者看來，每個人的臉上都掛著一張反映自己心理情緒的「海報」，這也是表現其內心風雲的「氣象報告」。如果不想讓自己的情緒「海報」輕易地被別人看透，就需要平時多多注意了。

11　好臉色，誰都喜歡

這裡所說的臉色，不是指靜態的長相，而是指動態的面部表情，也屬於表情的一種。每人都有一張臉，由於五官的排列或所佔的位置比例不一樣，加上五官可以任由人的心、腦所牽制，因此每個人的臉色也會有所不同。

面部表情是一種豐富的人生姿態和交際藝術。不同人的臉色，可以成為一種風情、一種身分、一種教養、一種氣質特徵和一種表現能力。最重要的是，它會展現出一種特定的心理活動。比如臉上泛起紅暈，通常是羞澀或激動的表現；臉色發青或發白，則一定是因為生氣、憤怒或受了驚嚇而異常緊張的表現。

要想知道自己的臉色變化會給別人什麼樣的感覺，我們可以先看看其他人的臉色，比如上司的臉。我們幾乎每天都與他在公司一起上班，上司的臉色是非看不可的。如果上司今天看起來紅光滿面，面帶光澤，則他一定遇到了好事，心情也不錯；相反地，如果上司今天鐵青著臉，皺著眉頭，你最好不要去招惹他。再者就是吃喝拉撒都在一起的家人，臉色更是每天都看到。如果其中有一張臉板起面孔，其他人的心情就不會太好。

　　好話人人都愛聽，因此我們經常會尋找最好的說話技巧。殊不知，和顏悅色的臉部表情比語言更能溫暖人心。《論語》中記載了一段關於孝的對話。子夏問孝，子曰：「色難。有事，弟子服其勞；有酒食，先生饌，曾是以為孝乎？」這句話的意思是：子夏問孔子什麼是孝，怎樣做才是孝道？孔子說：「最難的是在子女的臉色上。如果遇事，就由年輕人去操勞；而對於老年人，就只關心他們有沒有吃飽吃好，難道這就是孝了嗎？」孔子的話的確經典，試想，孝道的最難之處不就是每天都能對自己的父母和顏悅色嗎？

　　相應的臉色，是一個人喜、怒、哀、樂的寫照，也是一個人的「面子」所在。當我們在使臉色時，首先應該考慮到別人的面子，這樣會顧及他人的感受，適時給人台階下。這不是圓滑世故，而是冷靜睿智的表現，提醒我們時刻不要衝動、冒失。

　　由此看來，人的臉色不能隨心所欲地改變，即使自己難以控制，也要考慮一下其他人的感受。基本上，我們的臉除了蒙在被子裡，其他時間都是與別人相對的，是讓別人看得見的。也就是說，臉色往往會呈現自己的心情，從而影響到別人的心情，有時甚至會傳染給別人，影響別人的歡悅和快樂，同時也會給自己帶來更多的不悅，有弊無利。

生活賦予了我們很多的快樂和幸福，即使常常有一些不盡如人意的事讓我們心煩，也應該要盡量學會隱藏，不隨便將難看的臉色展示給別人。多一些豁達和寬容，多一些開心愉悅的笑，自己高興別人也快樂，於己於人都有利。畢竟，我們每個人都是喜歡看好看的臉色的。

12 左臉與右臉展現出來的不同表情

在二十世紀三〇年代，有個名叫沃爾沃的德國科學家做了一個有趣的測試：他將同一個人的同一張面部照片沿面孔中線分成左右兩半，然後將右邊臉孔與右邊臉孔相連，又將左邊臉孔與左邊臉孔相連。

結果，富豪發現了一個驚人的事實：新合成的兩幅照片顯示的是表情迥異的兩個人！原照片上的人物本來是微笑的，而新合成的照片上，兩張右半臉相連照片上的人依然微笑，而兩張左半臉相連照片上的人卻顯示近似恐怖的模樣。雖然是嘴巴張開，貌似微笑，但整體表情看起來一點都不輕鬆、不愉快。

為什麼會有這樣的結果呢？原來，我們的左右兩半邊臉是有著不同分工的。左半邊臉直通人的心靈，表露出來的通常都是內心的真實情感，是「隱藏」的面孔；而右半邊臉則如同一副面具，會按照理性的指引而做出假笑、假悲等表情，將內心真實的喜怒哀樂隱藏起來，因此它屬於「公開」的面孔。

這樣一來，許多時候我們左臉所流露的訊息，恰恰是右臉想要掩飾的。上述的照片經過處理後，之所以出現表情完全不同的新照片，就在於照片中的人物原本是不快樂的，他是在假笑，因

 隱藏不了的真實內
心，表現在左臉與右
臉的不同表情中。

為他的左臉已經完完全全地出賣了他的內心。

由此可見，如果我們想探知一個人的真實情感時，分別看對方的左右臉即可得知，並且著重觀其顯露本心的左臉。比如，我們想判斷一個微笑的人是真笑還是假笑，就可以把目光集中到他的左臉而不是右臉上。左臉的肌肉、紋理以及左眼的眼神，都可以告訴我們真相。不過，這不是一件簡單的事，人類的右臉之所以會「表演」，是因為人類的左眼更敏銳一些，因此，在面對對方時，我們更容易觀察其右臉，並從右臉去判斷對方整張臉的表情和內心情感。

讓天生不夠敏感的右眼去面對與心靈相通的左臉，讓敏銳的左眼去面對善於「表演」的右臉，這看起來更像是上天的一種安排，也是人類的一種自然選擇。因為當我們想要隱藏一些情感時，自然不希望被對方觀察力較強的左眼一下看穿。所以，我們會利用人類的這種「先天弱勢」玩點小花招兒：用假笑騙倒對方，為自己贏得更好的人際關係和更有利的局面。

怎樣才能避免因笑容過假而被他人識破呢？最簡單的方法就是站在鏡子前努力地笑，然後看看自己在假笑時左右臉各自會出現什麼樣的反應，仔細揣摩兩邊臉的不同，然後努力讓左臉模仿右臉的表情。

如果覺得練習後的假笑還是不夠自然，就想一件讓你覺得可笑的事，或想一個能讓你微笑的人，然後將其牢牢地記在心中。當在人際交往過程中需要微笑時，就去想這件事或這個人。當我們的微笑真正發自肺腑時，我們的左右臉的表情就沒有什麼區別了。這樣，無論何人，都不會發現我們的「祕密」。

13　**面無表情時，別人會怎麼想**

　　在人類的心理活動中，表情是最能反映一個人情緒變化的動作。中國傳統的人相學以臉型、相貌等來預測一個人的性格和命運可能有失客觀，但憑藉面部表情來推測和判斷一個人的性格，還是有一定道理的，因為表情的變化是內心活動的寫照。相對於語言，表情更能傳遞一個人的內心動向。

　　那麼，是不是可以這樣說：在社會交往中，如果我們能夠做到面無表情，將自己的表情刻意掩飾起來，是否就不會被人看穿內心的情感變化？

　　生活中有這樣一種人，這些人不管看到什麼、聽到什麼，都會不露聲色。也就是說，他們那副沒有表情的面孔幾乎不會有任何動作。無表情的面孔是最令人窒息的，因為它將一切感情都隱藏起來，叫人無法捉摸。因此，它往往也比露骨的憤怒或厭惡更深刻地傳達出拒絕的訊息。

　　其實，面無表情絕不等於心無感情。很多時候，面無表情就像說謊的表情一樣，都是在極力壓抑著自己的情感。我們可以設想一些需要控制發怒或忍耐不愉快的事，比如正在面對一個做錯事的下屬，或者剛剛被老闆責罵，這時我們的精神都會很緊張，表情也會隨之僵化，甚至出現面部痙攣。這種心理狀態如同一個吹脹的氣球般，也就是，當用手捏住一個地方時，其他的地方就會鼓起來了。

　　所以，當我們在情緒高昂時，精神的緊張度就有所增加。這時，如果內在的情緒沒有外露，肌肉就會變得緊張，必定會透過某些細節表現出來，比如頻繁地皺眉、不停地眨眼、不正常的面

部抽動、鼻尖出現皺紋……等等，這些被壓抑的情感將會無意識地表露出來。這些微小的動作，都在表現著我們內心的憤怒、不安或者自卑等情感。

同樣的，面無表情有時還表現出我們內心極端的不關心和忽視。這背後也許隱藏的是我們有意的迴避，其實這是一種懷有好意或愛情的表現。這種情況在女孩子中比較多見，由於羞於對自己愛慕的對象表現得過於直接，又不想被別人知道，就會陷入左右為難的狀態。如果自己喜歡的對象也對自己表露出這樣毫不關心的表情，而非厭惡或戲謔，就說明對方心中應該也是在乎我們的，此時就可以繼續向對方傳遞自己的心意。

此外，如果你經常都是面無表情，而不是在某些場合才刻意做出這種姿態的，那麼你很可能會給人一種比較平庸的印象，因為他們認為你不過是想用這種表情來吸引別人的注意力。如果你並非如此，建議你最好不要動不動就表現出這樣一副尊容給大家看，這實在無法引起別人對你的好感。

總之，我們的表情時常都在隱瞞或偽裝，因此別人要想探知我們內心的真實情感並不是件容易的事。

不過，當我們表面上裝得若無其事，以克制自己的情感時，我們的心理線索仍然是有跡可循的。

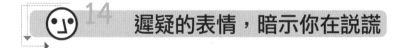

14　遲疑的表情，暗示你在說謊

通常，當你試圖掩飾謊言時，大多數情況下會透過微笑、點頭等動作來調整和掩蓋自己的內在心理活動。然而，心理學的研究說明，人的臉部特徵很難被完全控制，因為整個面部表情會出

現短暫的凝固——呈現一種類似停頓下來的生硬的面部「遲疑狀態」。這個狀態大概會持續二至三秒。

第二次世界大戰中期，東條英機即將出任日本首相。由於這件事很機密，各大報刊均未獲悉。記者的任務就是要以最快的速度獲得最新的消息，但不論記者如何探詢，大臣們都三緘其口。

有個記者很聰明，他知道大臣們絕不會大方地說出結果，於是就向大臣們提出了一個很奇怪的問題：請問出任首相的人是不是禿子？

大臣們的神色顯得有些遲疑，這名記者馬上得到了答案。

原來，當時的首相候選人有三個，一個是滿頭銀髮，一個是全禿，一個是半禿。東條英機是半禿。所以當記者提出這個問題時，大臣們遲疑：半禿是禿子嗎？

可見，一個無意中遲疑的表情，就出賣了自己內心隱藏的祕密。

其實，在你與人談判或聊天時，當說到的問題或話題與自己所想的並不一致時，我們的面部肌肉就會出現瞬間的僵硬，而且會持續二至三秒——這就是典型的遲疑狀態。如果對方的眼睛夠「毒」，這個遲疑的動作就很難逃過對方的眼睛，對方會因此而判斷出你說的話是真是假，而推測你的心理活動。

此外，隨遲疑而來的吞吞吐吐的語言會進一步曝露我們的內心。比如在與他人交談時，如果我們的話語出現過多的簡短停頓，常見的就是加入一些無意義的語音詞，如「呢」、「啊」、「哦」、「嗯」等，這時對方就會懷疑我們可能在說謊，認為事實可能並不像我們所說的那樣。

例如，作為一名銷售人員，當你被問及「是否能給予一年的保固」時，如果你回答：「嗯，啊……這個您放心，有的。」這

時，即使你給了肯定的答案，卻因其中夾雜了語音詞，顯示出一種遲疑的表情，對方可能會據此認為你在說謊。如果你給的答案是實話，只是心裡想到其他事才稍有遲疑的，那麼最好的化解辦法就是趕快出示保證書，消除對方心裡的顧慮，免得生意泡湯。

　　通常，當我們在說謊時，都會很注意控制自己的面部表情，但就算控制得再好，仍會或多或少地流露出細微的遲疑表情。就是這些細微的遲疑，「出賣」了我們內心的祕密。

15　流汗——內心焦慮的外在表現

　　當我們的內心感到焦慮、緊張時，出汗是最本能的外在表現。我們知道，出汗是動物的一種生理本能，它的生物學意義就在於可以調節體溫。當我們感到燥熱時，汗腺就會分泌汗水。汗水蒸發後，我們的體表溫度就會降低，人也會感到涼爽。但是，出汗並不完全局限於調節體溫，當我們感到情緒緊張、焦慮時也會出汗。比如，當我們等在手術室外面，等著正在動手術的親人平安出來時，就會出汗。

　　以好口才著稱的英國前首相布萊爾在演講時，常常無法克服汗如雨下所帶來的尷尬。在英國國會對布萊爾幫助美國攻擊伊拉克的決定進行質詢時，雖然布萊爾的表情看上去很鎮定。但仔細觀察就會發現，布萊爾的額頭上佈滿了汗水。

　　事實上，內心感到焦慮時出汗是每個人都不能避免的。也許一分鐘前我們還自信滿滿地控制自己，可能下一分鐘，一個瞬間的自我懷疑，就讓自己汗流浹背。而且，由於內心焦慮所引起的流汗就像多米諾骨牌一樣，一旦開始緊張便引起流汗，且會越發

緊張焦慮；而越是焦慮，流的汗也會越多。

　　研究發現，流汗往往和心率的成長共同出現，因此我們對於流汗的反應及處理的方法經常會洩漏大量的內心祕密。比如在與一個重要的客戶商談業務時，雖然我們強裝鎮靜自若、信心滿滿，手心卻可能已經出汗了。這就是因為我們的情緒正處於緊張和焦慮之中，對這筆交易業務相當看重，生怕談不攏。

　　當我們處於焦慮狀態時，心跳就會加速，伴隨著不停冒出的汗水，臉色也會變得潮紅或蒼白，這些現象都是由人體內的植物神經控制的，根本就不受大腦控制。因此，我們可以偽裝高興、難過、悲傷或憤怒，卻很難偽裝焦慮。別人往往可以透過這些表情，窺視我們內心的思想活動及真實想法，從而在一定程度上控制我們的情緒。

　　焦慮是一種相對消極的狀態，但是適度的焦慮並非完全都是壞事。適當地保持對事物正常的緊張狀態，恰好可以發揮出潛在的最大能量，讓自己保持在最佳狀態。但是，若緊張焦慮過度，就如同一直緊繃著的弓弦，很容易被拉斷。所以，對於這種情緒，我們需要學會適當地調節，以坦然的心境面對困境；平時可以保持規律和適當的體育運動，因為在體育運動中，血液循環會加速，保持大腦中氧的供應，降低這些不良情緒對我們身心的負面影響。當我們可以有效地緩解這種負面情緒時，則在遇到困難或面對重要的談判時，心境自然就平和了，汗也自然不會不由自主地冒出來。這時，有誰能看到我們內心的所思所想呢？

16　氣色——那是人心的脈動

　　什麼是氣色？簡單地說，就是我們的面部呈現出來的不同色彩的脈動。嚴格來說，氣色是由於行為意願以及健康狀況的不同，或由於某種潛在的生活變數的異動，在面部不同部位表現出來的不同且具有色彩的脈動。所謂「氣」，隱藏在流動的皮膚之內；所謂「色」，係在皮膚上顯而易見。比如，有的人看起來氣定神閒，氣色平和；有的人面色如玉，且有圓潤感；有的人面如滿月，神采照人……等等，這些就是所謂的「氣色」。當然，不同的氣色可以展示出不同的情感心理及健康狀況等訊息。

　　透過這種在面部游離的表情，我們可以粗略地看出某個人不為人知的一面，把握其內心的脈動。

　　我們知道，嬰兒的皮膚大多呈現出微微的粉紅色，白裡透紅，很漂亮。除了嬰兒外，一些青春少女的皮膚也會呈現出白裡透紅的氣色。在他人看來，這種氣色代表主人的身心都很健康，而且精力充沛，故而給人一種陽光向上的感覺。

　　朦色是一種籠罩在面部朦朦朧朧、模糊不清且略帶灰色的顏色。當我們經過一個空氣污染嚴重的地方，如塵土飛揚的建築工地，尤其是夏季，臉上常常會被蒙上一層灰塵，洗臉後才會覺得神清氣爽。那層在面部的灰濛濛的顏色，就是所謂的朦色。

　　這種氣色會給人一種懶惰、散漫或生活、工作不如意的感覺，因此別人就會認為你缺乏生活朝氣，心態不夠積極，或者生活正處於困境之中。

　　比較常見的氣色還有慘白色，就好像一個人昏倒後，臉上缺乏血色一樣。

　　我們知道，透過五官可以了解一個人靜態的個性，因此五官
屬於靜態的訊息；氣色則是不斷變化的，可以說是動態的資料。
所以，當我們剛剛遇到極度刺激神經的事情時，無論這件事是好
是壞，是令人興奮的，還是令人氣憤、悲傷的，都會引起面部氣
色的變化，出現面色慘白的現象。所以，當我們的面部出現這樣
的氣色時，別人就可以據此判斷，我們應該是遇到了一件較為刺
激神經的大事。

　　當我們面部的微血管破裂時，在面部皮膚上就可以看到一些
血絲，這就是赤紅色。通常，如果你具有這種氣色，給人的印象
是火氣較大，脾氣暴躁，好衝動，有時做事往往欠考慮，也容易
出現較多的失誤。但是，這種人的辦事效率高，可謂雷厲風行。

　　具有鮮活氣色的人生活狀況良好。如果你是具有這樣氣色的
商人，那麼一定是財運亨通、春風得意的。而且，氣色好的人會
心情舒暢。也正因為如此，我們的愉悅心情就直接反映在氣色上
了。在別人看來，我們應該正處於人生與事業的高峰期，因而得
意之情才溢於言表。

　　有一種氣色，就好像太陽即將升起，曙光慢慢乍現出來那一
刻的顏色，明亮而新鮮。因此，這種氣色會給人一種充滿朝氣與
活力的感覺。

第四章

笑也會使你的內心一覽無遺

在人的所有表情中，最重要的表情就是笑。笑的種類很多：甜蜜的笑、自嘲的笑、害羞的笑、爽朗的笑……等等。笑也能調節我們的情緒，發洩我們的情感，傳遞我們的愉悅。可以說，每一種笑容的背後都藏著我們內心的很多祕密，不同的笑容具有著不同的涵義。只是每一種笑都可能會將我們內心的祕密透露給別人，你是否注意到這些了呢？

1　隱藏在笑容裡的內心感受

　　以人的全部表情來說，笑是最為重要的一種表情。如果世界上存在著一種通用的語言，它可以令各個國家、各種膚色、講不同語言、具有不同宗教信仰以及風俗習慣的人們互相交流，並產生良好的效果，這種語言就是笑容。

　　笑是我們在日常生活中經常使用的一個表情，可能很少有人知道它的力量有多強大。事實上，笑容也許是世界上最讓人難以抗拒和最具感染力的表情。當你向他人投以一個微笑的時候，不論是發自內心的，還是虛偽的，對方都會自然而然地回饋給你一個微笑。你可能會發現這樣一個現象：在電影院裡看一部喜劇電影要比獨自在家看同樣的電影更容易大笑。這就充分說明了笑聲的感染力。喜劇片中的笑料並沒有增加，你在電影院中的大笑次數增多，主要是因為受到電影院中其他人的影響。也就是說，你的歡笑多半是被他們感染的。

　　當別人向我們微笑時，我們的內心就會獲得一種強烈的滿足感，這種滿足感是來源於潛意識中的認同感。微笑所傳遞的就是一種順從、謙虛的信息，古代的交戰往往就是透過這個表情來判斷對方是敵是友的。

　　笑之所以有如此巨大的感染力，是因為這與控制我們表情的神經有關。我們的大腦神經會對我們的面部肌肉發出指令，模仿任何一個我們看到的表情。雖然這是在很短時間內發生的事，因為隨後的意識就會立刻修正我們的表情，卻仍然可以對對方產生很大的影響。透過對身體語言的解讀，我們就能夠了解為何笑容會有如此巨大的感染力。

笑容會使你的內心一覽無遺。

同樣地，笑容裡也隱藏著我們許多的內心感受，比如喜悅、
諷刺、自嘲、蔑視、激動……等等。當我們對他人表現不同的笑
容時，我們流露出的也是不同的心理活動。

　　比如，當我們肩上背著大背包，手裡拎著旅行袋，急匆匆地
趕到火車站，卻發現火車就在我們的視線中開走了。這時，我們
可能一邊眼睜睜地看著火車離去，一邊跺腳懊惱不已，而臉上卻
浮現出一種笑容，一種無可奈何的笑容。在與別人打球時，不小
心打了壞球，結果輸給了別人，這時我們可能以摔球拍來洩憤，
但更可能的是邊搖頭邊笑笑。

　　類似以上的這類笑容，表達出的當然不是什麼愉快的情緒。
沒趕上火車和打了壞球是一樣的，都是因為自己的狼狽和窘相畢
露，而將自己作為嘲笑的對象，企圖化解內心的焦灼感和失望
感。

　　上面的這種自嘲現象，我們每個人可能都曾經有過，而笑只
不過是希望透過這種行為來獲得精神上的舒緩，使自己心裡感到
安慰一些。

　　由此可見，笑是一面鏡子，不僅能展示你的喜怒哀樂，還能
反映出你的內心世界。笑容的背後，常常包含著複雜的情感。了
解笑的真實涵義，不僅能保護自己不輕易被別人看透內心，同時
還能幫助自己在人際交往過程中很好地處理人際關係。

2　微笑，最令人難以抗拒的肢體語言

　　香港的美容專家陳安妮女士對「精神化妝法」有深刻的體
會，她很坦然地說：「有些婦女遇到開心的事時也不敢笑，怕帶

來皺紋。其實不必擔心，我就愛笑，可是一條皺紋也沒有。」

可見，笑能讓你增姿添色並不是虛言。在生活中，一個友善、真摯、楚楚動人的微笑，會散發出無窮的魅力。

在笑的範疇之內，人們最為推崇的就是微笑。你向對方微笑，對方也會對你報以微笑。你的微笑向對方展現了友好和善意，對方也用微笑告訴你，你讓他感受到了幸福感。人與人之間的友好交流幾乎都是這樣開始的。

有人將微笑比喻成交際過程中的「通用貨幣」，人人都能付出，人人也都能接受。

然而，在微笑的背後，仍然隱藏著許多我們內心的祕密。笑是我們面部表情中最重要的一種形式，通常我們在高興時，都會嘴角上揚，上唇提升，雙眉展開，兩眼放光，即所謂的笑容滿面。此時的微笑就是一種典型的微笑。當我們靜坐獨處，回想起以前一些有趣的事物，或是我們對自己目前取得的成績感到滿意時，我們都會情不自禁地微微含笑。這時，我們顯示給別人的，是一種愉快的情緒。

同樣地，微笑也是一種社交的禮貌表示。在你與對方初次見面時，常常會用微笑來表示自己的嚴肅和端莊，以及對別人的接納和尊重。這是一種最常見的微笑，其中的涵義不多，幾乎只是一種友善的表示。

如果你喜歡默默地微笑，只是微笑，不發出聲音，則你給人的印象是內向且感情豐富的，但性格可能比較深沉和憂鬱。當你在對他人默默微笑時，你的笑容很溫柔、親切，能給人一種很舒服的感覺，所以能夠很容易地與大家友好相處。

「回眸一笑百媚生」，這句話是古人形容美女轉頭微笑時的情景，看來古人對於女性轉頭微笑的評價是非常高的。

微笑，最令人難以抗拒的肢體語言。

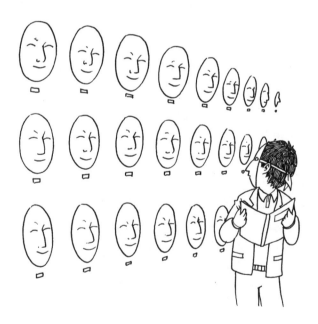

我們無從考證這句古詩的作者是否研究過身體語言，但今天我們對於轉頭微笑的高度讚揚依然認同。通常，當一個美麗的女子轉頭微笑時，都會令大多數男人浮想聯翩。

　　究竟是什麼原因可以令轉頭微笑產生如此巨大的威力呢？從身體語言的角度研究時我們發現，轉頭微笑其實是一種混合的表情，它包括了兩種相反的動作：微笑向人傳遞的是一種親近、友善的信號，而轉頭傳遞的則是一種躲閃、逃避的信號。這種看似相互矛盾的身體語言恰到好處地結合在一起，就達到了一種欲語還休的效果，讓觀者回味無窮。

　　倘若在轉頭微笑的時候，你可以再揚起下巴，露出脖子，這時製造出來的效果就更有殺傷力了。通常，露出脖子可以將女性的嬌弱表露無遺。這種故意的示弱，恰恰能激發出人類潛能中保護弱者的欲望。尤其是對於男性來說，此時他們的征服感更會因此而被極大地激發出來。

　　由此可見，微笑的確是一種令人難以抗拒的身體語言，只要你稍加利用，就會獲得意外的驚喜。

3　你的微笑能夠給別人多少好感

　　著名旅館大王康拉德‧希爾頓在1919年將父親留給他的1.2萬美元連同自己賺來的數千美元用來投資，開始了他雄心勃勃的經營旅館生涯。當他的資產增加到幾千萬美元時，他欣喜而自豪地將這個成就告訴了母親。

　　令他感到意外的是，母親只是淡然地說：「我看你跟以前也沒什麼兩樣，你應該把握比這幾千萬美元更重要的東西。除了對

顧客真誠外，你還應該想辦法讓來希爾頓飯店的人住過一次後還想再來住。所以，你應該想出一種簡單、不花本錢，且可以一直使用的方法來吸引顧客，這樣你的旅館才能發展下去。」

母親的話令希爾頓開始思考，到底用什麼辦法才能具備「簡單、不花本錢且又能一直使用」呢？他冥思苦想不得其解，於是就去參觀其他飯店，讓自己成為一名消費者去親身感受。終於，他找到了最好的辦法——微笑服務。

從此以後，希爾頓將微笑服務用於自己的經營策略當中。他要求每個員工不論多辛苦，都要對顧客報以微笑。即使在旅館業務遭遇經濟蕭條的嚴重影響時，他仍經常提醒員工，不要將心中的愁雲擺在臉上，希爾頓飯店員工臉上的微笑永遠給予來旅店的顧客。

後來，經濟蕭條結束，希爾頓飯店率先進入了新的繁榮時期，這在很大程度上是得益於希爾頓飯店員工臉上的微笑。

由此可見，微笑可以給我們帶來更多想要的東西。

相關人員透過對第一次相親男女雙方的調查後發現，在相親過程中，男性逗女性笑的次數越多，他們彼此繼續交往的可能性就越大，男性也越容易讓女性產生好感。但是若整個相親過程都處於一種嚴肅，甚至是死氣沉沉的氣氛中，那麼這次相親基本上就已經失敗了。

社交專家提醒我們，微笑時，別忘記眉毛的作用。人類也許是所有哺乳動物中為數不多具有眉毛的高等動物，因此我們完全可以借助這個獨有的面部特徵來豐富我們的笑容。

我們的很多表情都可以借助眉毛的細微變化來完成，比如驚奇、快樂、懷疑、否定、傲慢、迷惑、憤怒……等等情緒，都可以透過眉毛的變化展露出來。

微笑時，順便用眉毛做一個簡單的動作，就能夠讓微笑的能量大大增加。比如，對別人微笑的時，輕輕地抬起眉毛，然後迅速地將眉毛恢復原位，就能夠快速地讓人對你產生好感。抬一抬眉毛，就能讓自己的魅力大增；可以說，這是一個既簡單又能讓你迅速交到朋友的有效表情。

為什麼會產生這樣的作用呢？因為這個微妙的動作會讓對方在潛意識中覺得受到了尊重。而且，這種微笑還帶有一絲驚訝的感覺，當你對他人做出這個打招呼的動作時，就好像在向對方說：「看見你讓我太驚喜了！」

很多明星和公眾人物為了讓自己的容貌深深刻在大眾心裡，就會在與媒體打招呼時採用這種動作，而且還可能重複很多次。可以說，這種微笑和打招呼的方式是最能吸引人心的。

4　歪臉笑所流露的內心語言

在美劇《別對我撒謊》中，有一個有趣的情節：在某一個案件中，剛剛加入調查組的托利斯不認同上司萊特曼的判斷，後來新的證據也顯示上司的判斷可能有誤。托利斯見狀，並沒有說話，只是淺淺地歪臉一笑，一邊的嘴角微微地上揚了一下，這個細小的動作被萊特曼博士看在眼裡。萊特曼博士提醒托利斯，嘲笑自己的上司是白癡且非常不智的，托利斯因為被上司識破心思而羞愧不已。後來，萊特曼博士用事實證明自己判斷的正確性，使得托利斯心服口服。

上述的這個故事，出現了一個歪臉的笑容。什麼樣算是歪臉笑呢？即指一個人在微笑時臉部扭曲，臉部的兩邊不相對稱。

常見的歪臉笑表情是嘴角和眉毛向上揚起；此時，一邊臉頰的顴骨肌收縮，使得臉頰上浮現出一種看似微笑的表情；而另一邊臉嘴角向下，眉頭緊鎖，則顯示出一副不悅、痛苦的皺眉式表情。這種表情看似是在笑，其實臉部兩邊的表情顯示出一陰一陽的反差。

這是因為人們在控制自己意識的過程中，一邊臉被成功地運用起來，表現出了假笑；而另一邊臉則表現出忠於內心的真實表情，即皺眉。

其實，這種奇怪的表情並不是真正的微笑，而是表現出一種諷刺、挖苦與不屑的情緒。比如，當我們對別人表達的意見不認同或明顯表達出排斥之意時，我們的內心深處就會產生煩憂、不悅、不以為意的情緒，就會非常容易地做出這種上揚嘴角、歪臉笑的動作。

例如，一個剛剛參加演講比賽的選手從台上下來後，著急地向周圍的人詢問自己表現如何時，我們通常就會看到旁邊的另一個競爭者附和著點點頭，他一邊的嘴角會輕輕上揚一下，這表現出他的不屑與諷刺意味。

這種歪臉笑的表情通常是西方人的專利，我們經常能從西方的電影中看到這種表情。而且，這種笑容代表的意思也是非常確定的，就是諷刺和排斥。

在很多場合中，我們都可能被看到或者做出這種不經意的歪臉笑的表情。

比如，兩個很久沒見的同學在一個聚會上意外相見，聊起彼此這些年來的情況，其中一人說：「我在畢業後工作一年就賺到了第一桶金，後來我覺得我完全可以自己當老闆，於是就開了一家公司。公司規模不算大，大約有一百多人，每年的淨利潤並不

 歪臉笑，流露真實的
內心語言。

多，有兩千萬左右。但是，我覺得在我們這些同學中，我也算是成功的了⋯⋯」

對於對方的這種夸夸其談，還是真心表現，另一方往往都會笑著點點頭，同時說：「那是相當成功了，你可真是了不起呀！」

乍看到這個場景，你會以為後者真的對前者的成就敬佩至極嗎？其實後者在表達自己的「佩服」之意前，他的臉上出現了一個短暫的表情：歪臉笑。

這個動作告訴我們：他的敬佩之意並非真心實意，而是對對方話語的不屑和嘲諷。

 5　緊閉雙唇的微笑，你在抗拒什麼

通常，我們都認為，微笑是展現一個人內心的幸福與快樂的信號，是表示順從的信號，但是假設想一下這個場景，這種情況下的微笑所表示的含義是什麼呢？

女孩滿頭大汗地為男友做了好幾道菜，然後滿懷期待地看著男友品嚐自己做的菜，希望聽到男友的讚美。可是男友吃了幾口後就緊閉雙唇，微笑著對女孩點點頭，並豎起了大拇指。女孩高興地衝進廚房端出另一道菜，男孩卻趕緊吐出了口中的菜，急急地喝了口水，然後看著翩翩而來的女友，緊閉雙唇地向女孩笑了笑。

從男孩獨處時的真實反應，我們知道男孩其實並不滿意女孩做的菜，所以他在表示讚許時是緊閉著雙唇微笑，而沒有真正地開懷大笑。

這種緊閉雙唇的微笑，其實是表示一種溫和的抗拒。

我們在露出這種微笑時，往往都是雙唇緊閉，且向後拉伸的形成一條直線，別人完全看不到我們雙唇後面的牙齒。這種微笑表現我們內心的想法其實是為了隱藏某個不為人知的祕密，或是我們不想與對方分享的想法或觀點。通常，女性在遇到自己不喜歡的人，又不想讓對方知道這一點時，就會露出這樣的笑容。在其他女性看來，這種微笑其實是一種非常明顯的拒絕信號，大多數的男性卻很難明白這種微笑背後的真正涵義。

女人在談論其他女人時，可能會這樣說，「她比較有能力，工作也很出色」，說完就露出緊閉雙唇式的微笑。

其實，她的微笑告訴大家，她並不是真的很欣賞這個女人，而這句話的真實涵義是：「我認為她是一個有野心的女人，她實在是太愛出風頭了！」

我們經常在電視或雜誌上看到一些名人在笑時會緊閉著雙唇，嘴角向後拉升，不露出一顆牙齒，整個嘴唇形成一條直線。我們可能不太會留意微笑背後究竟隱藏著什麼涵義，只關心這些名人到底在說什麼。

其實，這個微笑的涵義就是：「我並不太贊同你的意見，我的內心深處藏著你不知道的真實想法，但我並不想告訴你。」

舉個例子，當我們在面對不喜歡的人，或者是自己不認可的上司、同事，又不能明顯地表現出來時，我們就會在不經意間流露出這種緊閉雙唇的微笑，這種微笑其實就是一種形式溫和且明顯表達抗拒和反對的微笑。

有一位記者曾經說過，他採訪過很多成功人士，他發現成功人士幾乎都有一個習慣，就是在被問及成功的細節問題時，他們總是抿嘴微笑，然後以一、二句簡單的話敷衍過去。其實他們之

 緊閉雙唇的微笑，是
抗拒的信號。

所以會這樣，就是因為他們不想把成功的細節公諸於眾，因此對此類問題便產生了抗拒的心理。

由此可見，當我們不想拒絕某件事或某個人時，盡量不要表露出這種緊閉雙唇的微笑。

因為這種笑容可能會給人一種誤解，認為你對目前的狀況感到不滿，有所抗拒。

6　偽裝的笑臉，會被別人識破

幾百年來，人們對達文西的作品《蒙娜麗莎》中神祕的微笑可以說莫衷一是，不同的觀賞者或同一個觀賞者從不同角度觀看，似乎都是不同的感覺。有時覺得她的微笑很溫柔，有時又顯得很嚴肅，有時充滿嘲諷，有時則覺得略帶憂傷。因此，對於蒙娜麗莎微笑的研究一直都是爭議不斷，學者們對於蒙娜麗莎究竟是否在真的微笑也一直沒有定論。

學者們研究發現，達文西將蒙娜麗莎在微笑時的眼角和嘴角部位畫得若隱若現，沒有明確的分界線，而這也正是判斷笑容是否為偽裝的關鍵區域。因此，才會有這種令人捉摸不透的「神祕的微笑」。

我們必須承認，在現實生活當中，我們真笑的次數要遠遠少於假笑的次數。真正的笑是被有趣的事物所吸引，但這類情況在生活中並不多。更多的時候，我們的笑臉都是偽裝出來的，尤其在打招呼、拜見客戶、緩解尷尬等情況下，我們都會不知不覺地假裝微笑。因為即使是假裝的微笑，也可以消除他人的戒心，緩解彼此間的陌生感，讓彼此之間的溝通變得更加容易。

通常，幾週大的嬰兒就懂得將自己真心的微笑留給媽媽，而用假笑來面對其他人。久而久之，研究者們就發現，人們的臉上之所以會露出真心的笑容，是因為受到兩塊重要肌肉的作用，一塊是顴骨肌，另一塊是靠近眼睛的眼輪匝肌。顴骨肌可以幫助我們做出咧嘴、露牙、提升面頰等動作，眼輪匝肌則可以幫助我們收縮眼部肌肉，令眼角出現魚尾紋。

　　根據生理學的研究，前者受意識的控制，後者則完全獨立於意識的控制之外。也就是說，當這兩塊肌肉同時發力，令我們的嘴角上揚，形成「魚尾紋」時，就是發自內心的熱情而又真摯的笑容。相反地，如果我們的情緒消極，心情不佳，就很難營造出真正的笑容。

　　如果你感到不開心，你就不可能用顴骨肌和眼輪匝肌展開燦爛的笑顏，這時即使你展露給別人的是笑臉，別人也會覺得你的這個微笑很牽強，不夠自然，並會因此猜測到你此刻不佳的情緒。因為偽裝笑臉時，令嘴角向兩邊拉伸的是笑肌。

　　但與真笑不同的是，這部分肌肉雖然可以有效地拉伸嘴角，卻不能將嘴角向上抬起。

　　另外，真笑通常會均勻地表現在整個臉部。對於假笑，則臉部肌肉施力就會不均勻，會偏重於臉的一側。大多數情況下，偽裝的笑臉都會浮現在右臉上。

　　當我們仔細觀察電視上播放有關某個明星的新聞發布會時，你會發現當明星被問及尷尬的問題時，他們就會顯露出偽裝的笑臉。這樣的笑容會突然開始，並很快結束，看上去就像是用力地擠壓臉部，給我們的感覺就是「皮笑肉不笑」。

　　所以，在很多情況下，我們偽裝出來的笑臉是會被別人識破的。如果你不想被人識破你的偽裝，那麼你的「演技」就需要

「高超」一點了！

爽朗的笑，展現你爽朗的個性

在人際交往中，如果你經常會展現直率明朗的笑容，那麼你一定是個爽快之人。你最明顯的特徵，就是喜怒哀樂的情感都真真實實地表露在臉上，外人可以很容易地從你的臉上看到你的心情。

如果你就是這種個性的人，當感到欣喜快樂時，臉上就會很自然地堆滿笑意，表情也十分明快，眼睛閃閃發光，面部充滿了光澤。這時，你給他人的感覺，一定是你此刻正處於高興、欣喜和興奮的情緒當中。

相反地，當遭遇悲傷時，你的情緒就會一落千丈，表情也會隨時跌入低谷，眼瞼下垂，眼睛缺乏光彩；當悲傷達到高潮時，甚至會不顧一切地嚎啕大哭。

生氣時，你的臉上也會馬上出現反應，不是漲紅了臉怒罵，就是鐵青著臉。這時，別人一眼就能看到你正處於憤怒狀態。

總之，你不是那種善於隱藏自己情緒的人，內心想到什麼，馬上就會在臉上表現出來，不太會顧及他人的感受。而且，你對自己的感受以及情感的起伏非常忠實，給人一種不會騙人的直率感覺。

通常，你給人的感覺是爽朗快活的，但是你爽朗快活的時期與感到悲傷憂鬱的時期會輪流到來，因為「躁」和「鬱」循環來臨的「躁鬱氣質」是你個性的基礎。至於循環的頻率則會因人因事而異，有時在很短時間內就要循環一次。但只要有人安慰你，

你很快就會破涕為笑。

事實上，你是個很需要別人理解、知道你心事的人，儘管有時你也會很笨拙地將自己的內心隱藏起來，卻又迫切地希望別人知道。正因為如此，你內心的喜怒哀樂也會很容易就被別人看透。

當你在笑的時候，笑容直率明快，笑的幅度還很大，則你給人的感覺也是真誠而直率的。大家會覺得你是個內心比較簡單的人，沒有太多的心機，因而樂於與你做朋友。當朋友出現了缺點和錯誤時，你往往能夠直言不諱地指出來，不會因怕得罪人就視而不見、聽而不聞。而且，當別人有困難時，在自己力所能及的範圍內，你也會樂於給予幫助。基於這些，你會擁有良好的人際關係，在遇到困難時也會得到來自他人的關心和幫助。

笑的幅度再大一些，就是捧腹大笑了。如果你是喜歡這樣笑的人，那麼你一定是心胸開闊的。在朋友的眼中，你很「義氣」，當他們取得成績時，你會真心地祝福；當他們犯錯時，你也會給予他們最大限度的寬容和諒解。因此，你是朋友圈中的開心果，總能給大家帶來快樂，同時還富有愛心和同情心。你的這種笑，展現出你直爽、熱情、仗義的個性。總之，如果你是個經常真心顯露明朗歡快笑容的人，你會給人一種很不錯的印象，本身也能營造比較和諧的社會人際關係。

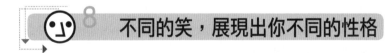

8　不同的笑，展現出你不同的性格

笑是一面鏡子，能展示出人的喜怒哀樂，還能反映出性格特徵。在社會交往過程中，無論哪種笑，它的背後都有著豐富的語

言內涵。

　　通常，如果你在遇到高興、歡樂的事時，絕不會在乎周圍的人，臉上馬上喜形於色，並會發出愉快的笑聲，別人一定會認為你是個性格外向的人。

　　因為性格所致，你不太喜歡隱藏自己的情感，率直的個性令你能夠充分地向他人展示自己的內心，所以你的表情也很豐富，會將悲傷和高興寫在臉上。因此，別人並不難理解你的笑容。只要看看你的面孔，就很容易了解到你的心情了。面色歡愉，笑容燦爛，則心情一定不錯；相反地，面色憂鬱、悲傷，笑容也顯得悲哀、冷清、無奈，則一定是情緒不佳。這種明朗的個性特徵，使你成為一個很容易與他人相處的人。

　　性格外向的人，笑容總是單純而明快的。如果你是性格外向的人，無論你走在哪裡，你的笑容都會非常吸引人，讓很多人願意和你相處、交談。

　　當然，你做起事情來可能會更加順利，更容易達到預期的效果，甚至有很多的驚喜。

　　如果你的性格比較內向，你的笑容對他人來說可能就有些複雜了。

　　由於性格使然，你可能不會過多地表現出笑容，即使有笑的時候，笑容在別人看來也缺乏生氣、缺乏自信，甚至是假笑。這時，別人可能會透過你的眼睛來揣測你此刻的情緒，比如你的臉雖然在笑，你的眼中卻沒有笑容，那麼你的心中一定沒有笑，你此刻的笑容就是帶著面具的假笑。至於為何會表現出這種笑容，則是受到當時的環境和事件所影響。總而言之，別人會認為你表現出的是一種缺乏內容的笑。

　　當你和許多人在一起很快樂地大笑時，你的笑可能不會像

他們那樣自然、爽快，而是會表現出某種不安。這種笑在別人看來就是一種竊笑，是你在試圖掩飾內心的緊張而勉強擠出來的。這也是由你的性格所決定的，因為你常常想將自己深深地隱藏起來，不希望別人對你了解得太多。

而且，與外向性格的人相比，內向性格的人笑容會比較少。就算遇到什麼喜事，也認為沒必要讓毫無關係的人知道。甚至可以說，你具有一種隱藏自我的防衛意識。

正因為如此，就算你能笑出來，看起來也總是給人一種虛假或缺乏自信的感覺，笑起來不夠自然，甚至嘴唇還會微微發抖，以致別人認為這是一種極富空虛感的冷笑。這對你的人際關係的建立和維持顯然是不利的。

雖然說性格內向的人笑容比較少，但也會有自然地笑出來的時候。

如果你的笑容經常不自然，笑起來感覺是一種自嘲，那麼你是一個不太有自信的人，性格可能比較脆弱。

如果你的笑容在別人看來有點像自虐，彷彿看透了某種事物似的，比如對人生或是對生活感到疲憊……等等，那麼你可能是一個性格比較孤傲的人。

此外，如果你的笑容在很多時候都是無可奈何的苦笑，那麼你可能是一個性格懦弱，對生活缺乏信心的人。

不知道你自己有沒有意識到這些笑？在社會交往的過程中，這些不同的笑容通常會曝露你的性格，並且不夠真誠、不夠自信的笑容，都是不太容易引起別人好感的。

不自然的笑最容易被看穿

　　自然的笑容可能會流露出我們的內心情感，使自己心裡的真實想法被別人看穿；而不夠自然的笑容，就更容易被人看透了。

　　最典型的不自然的笑，就是皮笑肉不笑，笑的時候嘴唇完全向後拉，使唇部形成長橢圓形的笑容。這完全不是發自內心的自然笑容，而是一種虛偽、討好的笑容。

　　當一個下屬不得不向上司獻殷勤，或者當一個人假裝欣賞一個人的言論或舉動時，常常就會展現出這種笑容。

　　這種笑容很容易就會被人看穿，並因此對你的印象大打折扣，覺得你是個不夠真誠的人。

　　笑時慌張、不自然，看著別人笑你就笑，經常會忽笑忽停，則你給別人的感覺是缺乏自信心，內心感到自卑，連笑都感到害怕，甚至會讓人覺得你為人處世不夠「光明磊落」，因而可能難以與你建立和諧的人際關係。

　　其實別人的猜測也不無道理，面對這種境況你通常不知道為什麼而笑，因為缺乏自信，時常很擔心他人對你的看法。

　　笑的時候習慣用雙手遮住嘴巴，這也是不太自然的笑。這樣的你，給人的印象是內向害羞的，而且性格可能比較柔弱。儘管你不太輕易向別人吐露自己的真實想法，但人們在很多時候還是能從你的笑容中猜出一二。

　　另外，倘若你總是喜歡小心翼翼地偷偷笑，那麼你給人的感覺也是比較內向的，還可能被人看成是比較傳統、保守的人。

　　在與人交往時，你會顯得比較靦腆，對於他人的要求卻很高，如果達不到你的要求，你就會表現出不愉快或不認同的態

度，因而會影響你的人際交往效果。不過，只要是你認可的朋友，他們對你的印象都會不錯。

笑起來時鼻子上揚，往往是別人在笑而你不肯笑，或者只是略微地笑幾聲，這是一種輕蔑的笑。這樣的笑容在別人看來是你根本輕視對方，但你的內心其實是非常自卑的，你在意識中是以壓低別人來抬高自己。

因此，你的這種笑容往往不太受人歡迎，有時甚至顯得有些格格不入，你也會因此失去很多朋友。

還有一種歇斯底里的笑。這是一種聽起來熱鬧卻令人感到恐怖的笑聲，聲調很高、很誇張，表現得有些旁若無人。如果別人聽到你的這種笑聲，或看到你的笑狀，會認為你有些神經質，或是認為你的內心充滿絕望，或是對別人的嘲諷，或者渴望得到別人的關心，但絕不會認為你是溫暖或者愉快的。

有時我們還會從鼻子裡哼出笑聲，這種笑有兩種涵義，第一種是自己在忍著笑，不想引起他人的注意。如果是這樣，那麼你給人的印象會比較體貼、細心，而且性格謙虛，非常重視他人的感受。這種笑的另一種涵義，就是對別人的輕蔑，暗示看不起別人的意思。

倘若你常常這樣笑，則別人會覺得你很自負，不把他人放在眼裡。因此，這種笑也會破壞你的人際關係，讓人難以對你親近。

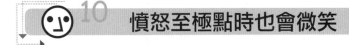

10 憤怒至極點時也會微笑

笑，通常是一種愉快情緒的外顯。當我們感到快樂、欣喜、

激動時，都會以不同的笑來表達我們內心的情感。不過，笑也不完全都是表達愉快的情感，當我們的內心感到憤怒、悲哀，或者憎恨到極點時，我們也會以微笑來表達。

通常，人們說臉上在笑、心裡在哭，正是這種情形。縱然滿懷敵意，表面上也要裝出談笑風生的模樣，行動落落大方，沒有一絲一毫的失態。

之所以要這樣做，是因為我們認為，如果將自己內心的渴望或想法毫無保留地表現出來，無疑是違反了社會的規則，甚至會引起眾叛親離的現象；或者成為大眾指責的對象，恐怕還會受到社會的制裁，因此而不得已才流露出這種表情。

關於這一點，最好的例子就是夫妻之間的吵架。通常，兩個人在剛剛結婚時，感情都會很好，常常如膠似漆、形影不離。可是隨著生活的日漸平淡，彼此都習慣了婚姻的生活，新鮮感就逐漸消失了，而開始為了柴米油鹽醬醋茶的瑣事吵架。

起初，夫妻兩人一有不滿時，可能就會互相爭吵，而且誰也不讓著誰，但大多數的時候都是床頭吵架床尾和，吵過後用不了幾個小時就和好了。然而，隨著吵架次數的增加，這種情況就如同家常便飯，夫妻二人誰也不願再理睬對方，彼此就會經歷一個相對冷漠的階段。

但這也不是辦法，夫妻總要面對家人和朋友。為了不讓別人看出來，兩人就會逐漸過渡到有其他人在場的時候，彼此的關係顯得還不錯、很恩愛，有說有笑；一旦只有兩人獨處時，就可能是相互不說話，家裡變得靜悄悄的。漸漸地，沒外人在的時候，夫妻兩人又開始說話了，但這並不代表兩人盡棄前嫌，只是有時候有些不得不說的話而已。

當彼此間的不和諧發展到極端時，不愉快的表情反而逐漸

無奈、憤怒至極點
時，也會微笑。

消失，兩個人的臉上會出現一種微笑，態度上也顯得卑屈而又親切。因此，一位經常辦理離婚案的法官說，當夫婦間任何一方表現出這樣的態度時，就說明夫妻間的關係已經到了不可協調的地步了。

由此可見，笑容並不完全都是代表美好。滿天烏雲不見得就會下雨，笑著的人未必就是高興。很多時候，我們的苦水往肚子裡嚥著，臉上卻是一副笑容燦爛的樣子。反之，臉拉沉下來時，說不定心裡正笑得燦爛呢！只是，如果別人夠細心，他們會發現我們在這種情況下的笑容是不自然的，因為那畢竟不是發自內心的快樂，而是一種由無奈、憤怒，甚至是憎惡導致的相反情緒。這種情緒又怎能引起滿心愉快的笑容呢？

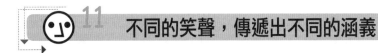

11 不同的笑聲，傳遞出不同的涵義

我們知道，笑容可以展現我們的內心世界。除了笑容外，笑聲也會展現我們的個性和心理活動。很多時候，笑聲甚至會成為「出賣」我們內心隱情的「叛徒」。

笑聲有很多種，比如刺耳的笑聲、發出「咯咯」或「哈哈」大笑的笑聲……等等。笑聲不同，表現出來的情感也不同。

有時，我們在笑時可能會發出一種斷斷續續的聲音，我們自己並不覺得怎樣，但這種笑聲別人聽起來卻很不舒服，對方會因為這種笑聲而對我們的印象大打折扣。在他們看來，我們是在時刻觀察他們，然後投其所好，伺機行事，為了迎合他們才發出笑聲的，因此認為我們的笑聲不夠真誠。事實上，我們的內心可能真的有這樣的想法。

如果你的笑聲在自己和外人聽起來都尖銳刺耳，那麼你給他人的印象就是：你是個精力充沛且具有冒險精神的人。在別人眼中，你感情豐富細膩，生活態度樂觀積極，因而會有比較不錯的人際關係。

如果在遇到高興的事時，你喜歡發出「哈哈」的笑聲，你在別人眼中就是所謂「豪傑型」的人。這種笑聲是從腹腔發出的，一般人很難發出，只有身體狀況極佳的人才可以做到，因此平時這樣笑的人一定是體力充沛者。不過，這種笑聲也帶有一定的威嚴感，會使人心生警戒。倘若是女性發出這樣的笑聲時，別人會將你當成一個領導型的人。

發出「呵呵」笑聲時，給人的感覺往往是缺乏自信心，或在強烈地壓抑著內心的不快情緒。也就是說，你並沒有完全大笑，而是在刻意地壓抑自己。在他人看來，當你發出這種笑聲時，可能是在掩飾內心的不快，或者你的身體此刻正感到疲倦。

當你對他人帶有批評或輕蔑態度時，你的笑聲就會是「嘿嘿」聲。當然，如果你平時就習慣這樣笑則另當別論。只是，如果你在談判過程中發出這樣的笑聲，那麼對方便可從中斷定你們的商談不會成功了。在發出這種笑聲時，你的內心往往是充滿了不安和煩惱，甚至會帶有一定的攻擊性，因而希望藉此壓制對方來獲得快感。在一些商務場合，這種笑聲通常是不太受歡迎的。

還有一種「嘻嘻」的笑聲，這是典型的少女型笑聲。如果你喜歡這樣笑，則你給人的印象就是好奇心強、性格開朗，非常渴望博得周遭異性的好感，而且你的這種心態會隨時都表現在臉上。

在笑時發出「哧哧」的聲音，這證明你是個天生的樂天派，性格爽朗直率。美國心理學家伊蓮·卡恩博士說：「這是一個愛

好快樂的人，喜歡看到好笑的事被誇張。」通常，笑時發出「哧哧」聲音的人，大多能夠嚴格地要求自己，而且想像力很豐富，創造力也很強，經常會有一些令人驚奇的舉動。並且你很有幽默細胞。在別人看來，你是一個聰明且充滿智慧的人。

第五章

頭部動作，讓你的內心不再隱祕

頭部屬於人體的「司令部」，是語言和肢體語言的領導中樞。因為頭部集中了所有表情器官和神情，因此往往是人們關注、觀察身體語言的重點。從某種意義上說，頭部動作洩漏的訊息往往最為準確，因而也容易成為他人察覺我們真實意圖的有效途徑。

最是那一低頭的溫柔，曝露了你的內心

　　詩人徐志摩的詩句中有「最是那一低頭的溫柔，像一朵水蓮花不勝涼風的嬌羞」，這一「低頭」的動作，活靈活現地展現了女性的溫柔、嫵媚與羞澀。

　　的確如此，頭部屬於人體的「司令部」，也是語言和肢體語言的領導中樞，因為頭部集中了所有的表情器官和神情，通常也是人們關注和觀察肢體語言的重點。一低頭、一回眸，這些微小的動作都可以展現我們的內心感受。

　　一般來說，當我們感到害羞時，尤其是女性，都會不由自主地出現低頭的動作，這個動作展現出我們當時羞澀又略顯謙卑的情感。如果是與上司或同事交談時，我們將頭部垂下呈低頭的姿勢，這時我們傳遞出去的訊息就是「我在你面前壓低我自己」或「我是友善的」。

　　如果你是一位上司，在與下屬談話時做出這種動作時，它傳遞的訊息就是以一種比較消極的方式表達「我不會只堅持我自己的想法」，或「你的看法也很值得考慮」。

　　如果我們在內心對對方懷有敵意時，也會突然將頭低下，這時表示我們的頭部有緊迫的負荷感。雖然這時我們的頭部是低下的，眼睛卻是向前瞪視著敵人，而不是隨著頭部下垂。也就是說，當你不自覺地在別人面前做出這種動作時，你向對方傳遞的就是一種敵意，而不是什麼友善的態度。

　　與低頭的動作相反，抬頭的動作則表示一種有意投入的行為，比如有下屬進入你的辦公室，此時你正低著頭寫東西。當下屬進來時，你可能會抬起頭來看他；這個簡單的動作，實際上就

頭部動作，洩漏的訊息往往最為準確。

是在促使下屬開口講話。

如果頭部再伴隨有後仰的動作，則是一種驕傲和自信的姿態，這一動作表現出來的情緒變化包括心態從沾沾自喜、自命不凡，再演化到自認優越的意識變化。

富蘭克林年輕時年少氣盛，非常驕傲，走路時就喜歡高高地昂著頭。有一次，富蘭克林去拜訪一位著名的教授。他走路時就是高高地昂著他的頭，只顧自己走路，根本不看身邊周圍的其他事物。結果他的頭狠狠地撞上了教授住所的門楣。富蘭克林非常狼狽，一面揉著自己撞傷的額頭，一面氣憤地盯著那道較一般住宅要矮得多的門楣。

這時，教授笑著走出來，他意味深長地對富蘭克林說道：「撞痛了吧？但你不應該生氣，它將是你今天來拜訪我的最大收穫。要知道，一個人如果懂得生活，他必須學會該低頭的時候低頭。」

富蘭克林牢牢地記住了這次教訓，以後也變得謙虛、謹慎起來，與人交往時也不再高高地昂著頭了。

基本上，這種昂頭的動作展現出的是一種向人挑釁的態度，而不是溫順的仰視。你是想以此展示自己的優越，將對方的氣勢壓制下去。但是，這個動作是不太受人歡迎的，應該盡量避免，因為你驕傲和挑釁的姿態會給人造成很不友善的印象。

 2　搖頭前快速地點頭，表明你是在撒謊

頭部的很多動作也能展現出我們的內心活動，有時一些不經意做出來的小動作，就會成為他人獲悉我們心理變化的手段，比

如看出我們是否在說謊，或者言語之中隱藏了什麼。

在美劇《別對我撒謊》中，有這段很有趣的情節，主人翁萊特曼等了半天，終於等到一個停車位。可是就在他剛要倒車進入停車格的時候，突然一輛車飛馳而來，搶佔了萊特曼的車位。萊特曼有些生氣地問搶車位者：「難道你沒有看見我正在等車位嗎？」對方搖搖頭，無辜地說：「沒有，我也在等車位。」萊特曼說：「你剛才說謊的動作非常典型，因為你在搖頭說『不』之前，已經先輕輕點了點頭⋯⋯」就是這樣一個不經意的點頭動作，洩漏了搶車位者的謊言。

由此可見，一些不經意的頭部動作完全可以告訴對方我們是否在說謊。

正如前面的小故事所敘述者，研究人員透過研究發現，很多人在面對別人「是不是」做了什麼的質問時，通常都會搖頭否定。但是在搖頭之前，他們往往都會下意識地表示對對方問題的肯定，也就是會做出迅速的、讓對方很少察覺的、且自己也無意識的點頭動作。這個快速的點頭動作，說明質問一方的推測是正確的，對方搖頭之後所做的解釋就是一個謊言。

假如你是一名記者，前往採訪一家剛剛發生建築施工安全問題的建築公司，你詢問服務台的小姐：「請問你們負責人某某在嗎？」服務台小姐的兩種反應都說明她在說謊：一種反應是你剛說完話，服務台小姐就不假思索地告訴你負責人不在，這是提前已經編好謊話的條件反射下的反應；另一種反應，就是她會稍微遲疑一下，不經意地微微點一下頭，然後再非常肯定地搖頭說：「他不在。」這時，負責人肯定是在公司的，因為服務台小姐下意識的快速點頭動作已經洩漏了真相。

由此可見，當我們在對他人說謊時，其實我們頭部所做出

😑 搖頭前快速地點頭表
　　明是在撒謊。

的動作已經將我們內心的真實活動透露出去了，只是看對方能否真正注意到這個微小的動作。如果對方是個懂得肢體語言的人，他可能就會注意到你在搖頭之前做出的點頭動作，因此而判斷你在說謊。雖然這個頭部動作是很輕微的，不太容易引起對方的注意。不過，我們也不能因此就放鬆自己。所以，倘若你真打算向對方隱瞞什麼事，最好提前將「戲份」準備好，讓善意的謊言變得「真實」一些，不要輕易就被對方識破。

點頭與搖頭展現出來的內心活動

　　點頭也許是我們最常見的一種頭部動作，它通常表達的涵義是贊同、支持。從事肢體語言研究的專家認為，點頭是鞠躬的一種簡化行為。由於低頭，我們的身體會自然而然地會向前傾，這相當於改變了我們身體的大小，使我們顯得更加渺小，沒有威脅性，表示一種屈從。所以，點頭通常表現的是同意的意思。

　　但是，如果你認為點頭只是一種表達同意的信號，那就大錯特錯了。因為點頭這個最常見的動作背後，還隱含著非常多隱晦的涵義。

　　有些時候，點頭僅僅代表「我聽到了」，卻不代表「我同意這種觀點」。比如，當你在開導某人時，也許對方會不斷點頭，但這並不代表他接受你的勸解，而只是告訴你：我聽到你的話了。

　　當兩個人在談話時，作為傾聽一方的你可能會頻繁地點頭，這時點頭隱含的意思則有所不同。比如，如果你點頭的頻率比較低，就意味著你是在認真地聽對方說話；如果你的點頭頻率非常

高，在對方看來，則可能意味著你的心裡在說：「這個問題我早就明白了，根本不需要再聽你絮絮叨叨地說。」換句話說，如果兩個人在交談過程中，傾聽的一方頻繁地點頭，其實是一種想掌控話語權的表現，並不代表認可對方的話。

我們經常會遇到這樣的情況：一對男女在說話過程中，女方不斷地點頭，男方卻認為真的得到了女方的鼓勵一樣，越發夸夸其談。事實上，女方對男方談論的這個話題根本沒有興趣，她只是不得不用點頭的動作來敷衍對方而已。

搖頭的含義也很豐富。在身體語言中，搖頭代表的涵義非常單一，就是向他人傳達否定的含義。比如嬰兒在吃飽後，就會用左右搖頭來拒絕母親的哺乳。

搖頭的涵義非常明確，以至於我們根本不需要進行描述和解釋。不過，隨著年齡的成長，我們對自己內心的想法越來越重視，也學會不再像嬰兒時期那樣，直接用搖頭來表示反對了。相反地，我們會將搖頭轉化為一種非常隱晦的動作，藉此來表達比較含蓄的拒絕態度。

例如，當我們與某人的觀點或建議不一致時，由於身分地位懸殊、年齡差距較大等原因，不方便直接地表達本意時，我們就會將搖頭這個動作衍生出許多類似的動作，比如會頻繁地轉換左右手來支撐臉部，或者用眼睛左瞟右瞟。這種拒絕的動作，其實就是由搖頭演化來的。一個業務員在向顧客推銷時，當顧客做出這種拒絕的動作時，業務員仍然喋喋不休地向顧客介紹產品或服務，那麼他可能很快地就會體會到被「正宗搖頭動作」拒絕的滋味了。

事實上，我們根本無需擔心別人「聽」不懂我們的這些頭部動作語言，這些天生的、源於本能的動作，基本上都是人類通用

的溝通工具。只要你做出來，對方就會在不知不覺中捕捉到你的內心活動，從而迅速地調整自己的狀態。

低頭、聳肩——一種消極情緒的外露

頭部屬於人體的「司令部」，是我們身體上最為重要的器官之一。作為身體的總指揮，它也是語言和肢體語言的領導，我們的大多數反應和決策都是透過大腦做出來的。但是，頭部的功能不僅僅是用於思考，頭部動作還能展現我們的內心活動。從身體語言的涵義這個層面來說，頭部在洩漏我們內心想法的能力上，絲毫不遜色於它在生理上的作用。

通常，不論是搖頭還是低頭、歪頭，都是我們在特定的心理狀態下才做出來的動作。因此，透過對頭部的觀察和分析，肢體語言專家們發現了許多潛藏在內心深處的祕密。

在頭部動作中，將頭部低下，縮在兩肩之間，同時向上聳肩，這樣的姿勢可以保護我們柔弱的脖子和喉嚨避免受到攻擊。當我們突然聽到背後傳來一聲巨響，或者擔心會有什麼掉落物砸到自己時，通常就會做出這種姿勢。同時，這樣做也是為了將自己身體的範圍變小，在潛意識裡是為了不引起別人的注意，讓別人不容易發現自己。例如，我們從一群人身邊經過，他們正興致勃勃地聊天、看風景，或正專心地聽取領隊的發言時，為了不打擾他們，我們通常會在經過的時候縮著肩膀，努力讓自己顯得更弱小且不太引人注意。或者，當我們夜晚獨自一個人走在馬路上，這時有一群人從我們身邊走過時，我們也會下意識地縮緊頭部，並聳起肩膀。這樣做的目的，其實就在向其他人傳遞出一個

信息：我十分弱小，沒有與你們競爭的意圖。

　　不過，在一些個人交際或商務活動中，如果我們做出一個類似低頭、聳肩的動作時，就意味著我們在恭順地向他人道歉或屈從，這無疑是增加了對方戰勝你的信心，因為這是一個表示順從他人、屈居他人之下的動作。所以，如果你不想被對方小看或被對手輕易戰勝，就不要做出這樣的動作。相反地，你應該盡量舒展自己的身體，昂首挺胸，讓對方感覺你是非常自信、成竹在胸的。

　　另外，當我們感到沮喪、不安、情緒低沉時，頭部也會在不經意間做出這種類似的動作。有時，我們還可能藉著摸脖子、拍頭部或聳肩膀等動作，來配合頭部的這個動作，從而放大這種動作所表達出來的涵義。其實，這種動作和姿勢就是低頭弓背。當下屬靠近自己的上司時，往往會採取這種姿勢。這樣一個微妙的動作，就能夠揭示出兩人之間的地位和權力關係。

5　高高地昂起頭，展露的是驕傲或自信

　　頭部的基本動作主要有三種：抬頭、低頭和歪頭。當人們對談話內容持中立態度時，往往會做出抬頭的動作。通常，隨著談話的繼續，抬頭的姿勢也會一直保持下去，人們只是偶爾地輕輕點頭，表示認可或回應。而且，用手觸摸臉頰的手勢也常常伴隨著抬頭的姿勢，表現出認真思考的態度。

　　如果把頭部高高昂起，同時下巴向外凸出，是顯示出一種強勢、無畏或者傲慢的態度。人們可以透過這個姿勢刻意地曝露出自己的喉部，並且讓自己的視線處於更高的位置，這樣就能以強

勢的態度來俯視他人。事實上，正是大量的睪丸激素造就了人類寬大的下巴，這也就是為什麼凸出的下巴總是與威嚴感和侵略性緊密相隨的原因。

　　瑪格麗特・柴契爾夫人有一張照片，照片上的她高昂著頭，目光堅毅，面色冷峻，用高昂的下巴展現了自己桀驁不馴的個性，令人看起來心生敬畏。

　　高高地昂起頭，頭向後面仰，這是典型表示驕傲和自信的動作。一個人在顯示他的優越性時，就一定會高高地昂起頭。通常，最常見的姿勢和動作就是：身體向後傾，背部靠在沙發上或椅背上，有時還會將兩隻手放在後腦勺上，或蹺起二郎腿。如果你在別人面前擺出這副姿態，那麼對方心裡一定會認為你這個人很自大，可能比較喜歡表現自己。

　　將頭部向後仰起時，我們內心的情緒也會不斷發生變化，包括心態從沾沾自喜、自命不凡演變到自認優越而存心違抗的意識變化。基本上，這種姿勢和動作所展現出來的是一種帶有挑釁的態度，而不是溫順的友好或服從，因此我們在社交或商務活動中應盡量避免使用這種姿勢，因為驕傲的外表和挑釁的動作會給人留下不好的印象，對我們的人際關係或商務談判會有不利的影響。

　　有些人在高昂著頭展現自己，顯得自命不凡的同時，腿部也配合頭部的動作，最著名的就是「美式腿」。什麼樣的腿被稱為「美式腿」呢？就是將一隻腳的腳踝架在另一條腿的膝蓋或者大腿上，整個動作和姿勢都表現出一種興奮、競爭或雄辯的態度。這種頭部姿勢配合著腿部姿勢，令人看起來更具有競爭性，因此這也是許多擁有競爭性格的男性喜歡採取的一種坐姿。

　　不過，俄羅斯人比較討厭這種姿態，並將這種「美式腿」

稱為「美利堅式的醜態」。通常，這種昂頭搭配「美式腿」的姿勢是很多領導者的專利，主要是想藉由這種姿態來調整自己的心態，從而擺平自己前進道路上的所有障礙。

 歪頭的姿勢流露出你的順從

可能大家都曾注意過，在一些宣傳海報和廣告中，歪頭的女性總比不歪頭的女性更顯得嫵媚動人。在歪頭的過程中，女性會盡量露出自己的脖子，使她們看起來更顯得嬌弱和惹人憐愛、溫順且富有女人味。

通常，將頭部向一側傾斜，表達的是一種順從的情緒，因為這個姿勢不僅曝露出我們的喉嚨和脖子，還會讓人顯得更加弱小和不具攻擊性。其實，人一出生就已經掌握了歪頭這個姿勢，嬰兒趴在父母肩膀上的時候，往往會將頭部歪向父母，露出自己脆弱的小脖子。大部分的人，尤其是女性，似乎也在不知不覺中讀懂了這個姿勢所傳達的順從與毫無威脅的意味。

和動物一樣，尤其是狗，當人類在對某件事情感興趣時，就會將頭部歪向一側。女性就經常使用這個姿勢向心儀的男士表達自己對他的興趣，因為她們明白，一個毫無威脅感，且看起來非常溫順的女人，在大部分男人眼裡都是極具吸引力的。

有研究人員曾對過去兩百多年間的畫作展開研究，結果顯示，畫作中頭部傾斜的女性形象數量是頭部傾斜的男性形象的三倍；同樣地，在廣告、海報等宣傳畫中歪著頭的女明星數量也是歪著頭的男明星的三倍。這就表示，曝露出來的脖子所隱含的順從之意，大部分人僅憑直覺就可以很有體會了。

所以，如果你是一位女性商務人士，那麼你很有必要注意這個動作和姿態。在與客戶握手或談判過程中，如果你做出這樣的動作，就會增加對方的優越感，會在隨後的交談或談判中變得更具有攻擊性。因為你的頭部動作顯露出了你對對方的順從之意，這顯然是對談判不利的。相反地，如果你始終保持頭部直立的姿勢，顯示出你的自信和強勢，那麼對方對你也會心有忌憚。

　　但對於一個業務人員來說，在向客戶推薦產品或服務時適時地把頭歪向一邊，就可以更好地給客戶一定的心理暗示，說明你在對方面前是誠實的，讓客戶在潛意識中更容易接受你的推薦或建議。

　　當你在會議上陳述報告或發表演說時，如果台下的觀眾當中有人做出這種頭部傾斜、身體前傾，並用手接觸臉頰做思考狀的姿勢，你就可以確信自己的發言是相當具有說服力的。當你在聆聽其他人的發言時，不妨也對發言人做出頭部傾斜和頻頻點頭的動作，這樣會讓發言人對你產生信賴感，因為在他看來，你此刻顯得毫無攻擊性，讓他感到很安全。

　　歪頭這個動作除了表達一種順從、示弱的感情外，還表達著一種特別的肢體語言涵義，就是挑釁。我們在影視作品中經常能夠看到，當法官在審問罪犯時，有的罪犯會歪著頭，有時還會斜眼看著法官，這表達出一種涵義：「我根本不怕你，看你能把我怎麼樣！」所以，不同的肢體動作在不同的環境中會表達出不同的涵義，我們不能對此一概而論。

頭部前伸，前面一定有你感興趣的東西

　　當一隻小動物發現食物或是感興趣的東西時，牠的頭部往往會從一側偏向另一側。這種現象在我們家中飼養的小寵物身上會經常發生。有時候，你可能會發現家中的小寵物狗側著腦袋望著你，那一定是你引起了牠某方面的注意。

　　這種現象在我們人類身上也會發生。當我們受到某些吸引或者是對某件事物表現出興趣時，我們的頭部就會向前伸出。通常這個動作表現出三種涵義，一種是心中充滿愛意，比如兩個相愛的人，會伸長脖子並且神情專注地凝視著對方的眼睛，以表示自己對對方的重視和愛意，沉醉在美好的情感當中；另一種涵義則恰恰相反，表示心中滿懷恨意，比如兩個冤家或仇家相遇時，也會伸出頭部，表示他們藐視或不畏懼對方，而且瞪視對方，洞悉對方的眼睛來表示仇恨。還有一種涵義，就是當你渴望吸引對方的全部注意力時，就會伸出頭部，探出你的臉，以阻攔對方去看其他任何可能吸引他的東西。

　　因此，頭部向前伸出的動作的背後涵義通常是「受到吸引」、「興趣很大」、「羨慕欽佩」，或者「極其蔑視」、「互相憎恨」等等。也就是說，頭部是我們對某件事是否有興趣的指示牌。當我們與他人交談時，將頭部伸出，或者從一側偏向另一側，歪著脖子，在別人看來，你正對對方的話產生著某種興趣。如果你是一位女性，對對面的男士做出這樣的動作，即表示你很可能已經喜歡上對方了。

　　有些情況下，當你的頭部做出前伸並略帶上揚，然後猛然回復到一般的姿勢時，一定是剛剛遇到某人且尚未十分接近的

 頭部前伸，前面一定有令你感興趣的東西。

時候，這個動作表示「我很驚訝見到你」、「原來你也在這裡呀」。在這裡，驚訝是相當關鍵的要素，因為頭部前伸表示有興趣，而頭部上揚則是一種吃驚的動作反應。如果是在你與對方都比較熟悉的場合，做出這種頭部動作則表明你突然弄清楚了某件事的要旨而感到驚歎，是一種頓然醒悟的表現。

另外，向前伸的頭部還表示一種迫近的威脅。就像我們向前伸的下巴一樣，這屬於一種攻擊性的動作，暗示我們正準備對當前的問題採取一種進攻性或有敵意的措施。

與對某事感興趣時做出頭部前伸或上揚的動作相反，當我們想要迴避某件事，或表示對事物的不滿或不認同時，頭部就會縮回來。這是一種典型的迴避動作，表示自己對眼前的事物缺乏興趣，有時是一種內心感到厭倦的外在表現。如果在與他人談話時，我們忽然做出這種頭部動作，對方可能會因此而認為我們對他的話產生了不滿的情緒。如果你不想讓對方輕易地識破你的內心，最好在人際交往中注意「隱藏」自己的這些頭部動作，以維持良好的社交關係。

8　用手觸摸頭部，以期獲得安全感

在人類的身體接觸中，頭部是我們接觸頻率最高的身體部位，比如用手摸頭、輕拍額頭等。雖然頭部只佔我們身體表面積的九分之一，但有半數以上的自我觸摸動作是發生在頭部。

當我們陷入緊張或混亂的情緒時，就會將手舉向頭部，做出「抓」、「擦」、「摸」的動作。這本來是維護頭部整潔為目的，但在外人看來，此時這種動作所表達的是一種煩亂的神經質

行為。如男性最普遍的「抓頭」動作，一般可認為是心裡感到不滿、困惑、害羞、痛恨自我等情緒的直接表現，而這種動作卻可以讓我們的內心獲得某種慰藉。

　　事實上，我們接觸頭部的最大動機，就是對他人的一種潛在的身體接觸期待。在此種自我接觸之中，我們最常做出的動作就是靠在桌面或櫃檯上，用手支撐著自己的頭部。當作為頭部支柱的手，在這種場合進行了超越本來機能的活動，也會被當作是一種形象，取代了擁抱自己的動作。也就是說，我們用自己的手再度體會安慰與親密性的快感。而且，由於這種動作可以很自然地在他人面前做出，一旦我們希望獲得精神上的安定時，就會做出這種動作。

　　在足球比賽時，當足球運動員將一個決定球隊勝負的關鍵射門射偏的時候，全場支持這支隊伍的球迷都會不由自主地將手掌貼在自己的額頭上，或者用手蓋住自己的頭頂。其實這是為了獲得心理上的安全感。因為在我們的潛意識中，當我們處於不安全狀態時，就會將自己身體的最重要部位保護起來，用以克服焦慮心理，同時獲得安全感。這個動作就是在我們的頭頂形成了一個防止心理衝擊的保護層。

　　還有一種抱頭的動作，這種動作不僅經常出現在球場上，當我們自己做錯了事或者忘記一件事時，我們也可能會將手掌放在自己的腦袋上，或輕輕拍打腦袋。在外人看來，這也是一種對不安全感的回應。做這個動作時，我們好像在對潛在的威脅說：「這件事我忘記了，請不要責怪我的腦袋。」心理學家曾經對此做過研究，結果顯示：在這種情況下，手掌放置的部位越接近後腦勺，說明我們認錯的態度越誠懇。如果只是拍打幾下自己的前額，則就意味著我們對這次失誤並不是很在乎。

除了上面這些觸摸頭部的動作外，我們有時還會併攏食指、中指、無名指，手背朝外，做出輕輕拍打額頭的動作，這種動作有時會被認為是覷腆、困惑的表現。其要點在於依賴手指貼緊額頭的動作，去克服精神上的不平衡。

　　用手觸摸頭部的動作，在一定程度上也隱藏著對他人潛在性的肉體接觸需求。如果這種行為轉變成對他人的實際接觸情形，通常會表現為頭與頭的接觸、手與頭的接觸等兩種現象。當然，這只有在關係極其親密的人之間才會發生，也是年輕情侶、夫婦之間一種表現愛情的信號。所以，只要稍微表現出這種頭部接觸，任何人都可以立即解讀出兩人之間的情感狀態。

頭部的動作也能令自己獲得認同

　　心理學家透過研究發現，人類的動作與心理活動是相互聯繫、互相影響的，心理活動會促使我們的身體產生相應的動作。與此同時，動作的變化也會影響到我們的心理。在日常生活當中，我們肯定都有過這樣的經驗：昂首挺胸的時候，我們往往會感到比垂頭喪氣時更有自信。

　　這也就是說，如果我們希望獲得他人的讚賞和認同，就要盡可能地做出開放性的動作。如果以頭部為例，當我們向他人敘述我們的觀點，並希望獲得對方的認同時，我們肯定希望對方能以正面而不是批判的心態來看待我們的觀點，我們就要想辦法讓對方做出點頭、抬頭這類開放性的身體動作，而不是搖頭、垂頭這種批判性的身體動作。因此，我們在說話時，可以盡量地挺直腰身，讓自己顯得很高，這樣對方就不得不盡量抬頭以保持和你在

同一視線上。同時，你還要做出一些抬手的動作，讓對方的目光可以跟隨著你的手部動作來回活動，這樣一來，搖頭、垂頭動作也會漸漸變成抬頭的動作。由於動作與心理相輔相成的關係，對方的心理也會在潛意識的動作指引下，由批判性心理變成一種積極的開放性心理，而對你的談話逐漸產生認同感。

美國一位研究身體語言的博士發現，當一個人說話的聲調提高時，他的頭部也會隨之抬高；當他結束談話時，隨著音調的降低，頭部就會相應地低下來。當他要繼續說話時，不僅聲調會保持相同的高度，頭部也會挺得筆直。事實上，如果我們不想與對方繼續交談下去，根本不必做出扭轉頭部等表示厭煩的動作，只要有意地降低說話的聲調，並低下頭去，就能讓對方接收到你想盡快結束這場談話的訊息。為了加強這一效果，我們還可以在低下頭的同時配合做出看手錶等動作，很快地就會達到結束談話的目的。

另外，觸摸頭部也是一種很重要的獲得信任的手段。在年輕的情侶之間、夫妻之間，以及父母與孩子之間，經常地用手去觸摸對方的頭部，都可以發出信任和愛的信息。不過，我們不能因此就認為觸摸頭部所代表的都是一種贊同。在日常生活中，我們經常會看到這樣的情景：一個人受傷後，朋友們往往會先抱住他的頭部。這種情景在電影中也比較多見，這種觸摸頭部的行為代表的是一種保護心理。任何一個人想要幫助受傷的人時，首先想到的就是先保護他的頭部。

雖然利用頭部語言可以讓我們獲得他人的認可和贊同，然而，這種肢體語言帶給我們的贊同都是暫時的。要想獲得他人長期的支持和讚賞，唯一的方法是真誠地對待對方。只有這樣，我們才能獲得對方長期的認可和肯定。

第六章

手部動作，被人看穿了你的「隱私」

中國有句古話叫作「言多必失」，這句話對於身體語言同樣適用。我們身體中最靈活的部位莫過於雙手，正由於手部的靈活，所以手部的「發言」機會較其他部位就更多。研究發現，我們的雙手與大腦之間的神經關聯也遠遠要比人體的其他部位多。因此，手部的動作能夠準確地反映我們內心的情緒變化。因此，我們在讚歎它們「能言善辯」的同時，也要盡量避免它們「手無遮攔」。

1 十指連心，你的祕密就在指尖上

人類之所以能夠在發展速度上遠遠超越其他生物，最主要的原因就在於，人類在數十萬年前選擇了直立行走，使我們很早就解放出了雙手。對於雙手的不斷使用，令我們的十個手指變得越發靈活，從而促使人類在生物界的競爭中處於領先地位。

手指是我們身體最靈活的部位之一，我們可以靈活地控制它們。正是因為如此，手指在表達身體語言這方面，可謂是「伶牙俐齒」。有個成語叫「十指連心」，手指的每一個動作，通常是我們內心活動的最好展示。

在人際交往和日常生活中，我們伸出不同的手指，代表著不同的涵義，每一種不同的姿勢都反映著我們內心不同的寓意。透過這些姿勢，別人也能看出我們當時的心情如何、內心感受是怎樣的……等等。

手指中，大拇指通常象徵著權威，代表力量和自我，因此與大拇指有關的肢體語言是表示強勢、絕對的自信以及勃勃野心。

向上豎起大拇指，表示你對對方的某句話或某件事深有同感，非常讚賞；或是對他人的舉動表示感謝；或表示事情已經辦理妥當。

向下伸大拇指的動作在世界許多國家和地區的意義不盡相同。在中國意味著「向下」、「下面」，是一種沒有教養的動作，大多表示鄙視、看不起。因為含有貶抑之意，表示對對方含有敵意，所以在生活中盡量不要輕易使用。

向上伸食指通常沒有特殊的涵義，係表示「一」的意思。如果用食指指向別人，也沒有特殊的涵義，只是特別強調一下而

十指連心，手無遮
攔，小心被人看穿隱
私。

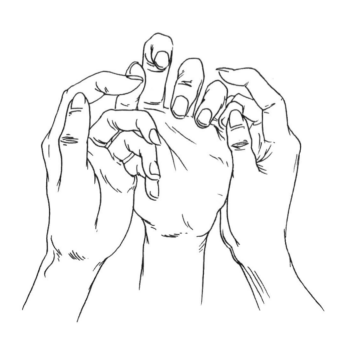

已。但如果伸出的是彎曲的食指，在非正式場合係表示與某人打招呼。不過，在正式場合應盡量避免使用這個動作，因為這是對對方的不尊重。

向上伸中指被認為是一個輕浮的動作，甚至是對別人的侮辱，被人看成是一種下流的行為。

通常，向上伸出小拇指是表示對方很弱小、很差勁，含有蔑視的意思。日常交往中，如果對別人的看法使用這個手勢，就說明你對對方有成見，非常看不慣對方的行為。將大拇指與食指搭成圓圈，再伸直中指、無名指和小指，表示「OK」的意思，即很贊同別人的看法。如果伸出食指和中指，呈「V」字形，則表示成功的意思。如果你喜歡做出這種手勢，那麼你在別人的眼中會是個積極樂觀、充滿活力的人。

在人際交往中，手指的動作往往能展現我們的內心。而且，伸指的姿勢很容易引起對方的反感。如果我們將其餘手指合攏，只將一根手指突出，這根手指就如同凝聚了整個手掌的力量，在指向對方時，會給人一種脅迫感。通常，這種姿勢說明你是個富有攻擊性的人，在為人處世上有些強勢。

也許你對於類似以上的手指動作根本沒當回事，但事實上，越是細微的東西越會被人看出大問題。也許當我們伸出手指時，就已經被人發現了內心的想法，你的個性及習慣性思維已經曝露在這種無意間的小動作上。所以，一定不要忽視手指的細微動作，因為伸出手指的同時，你的心思也在不斷地顯露。

2 攤開的雙手展示著你的誠實

在教堂裡，牧師通常都會左手執《聖經》，右手伸向教眾以示上帝的愛心；在法庭上，證人都要舉起手掌，以證實自己的證詞是真實的。所以，自古以來，一見到攤開的手掌，我們往往就會聯想到坦率、誠實、忠誠、謙遜等形容優秀品質的褒獎詞。

可以說，攤開雙手的姿勢表示沒有惡意，我們在日常生活中經常看到許多乞丐採用的就是這種姿勢，表示妥協、服從、哀求的意思。從人類社會發展的角度看，做這樣的手勢明顯是在告訴別人：我的手中沒有武器，我是帶著誠意的。

攤開的雙手還是一種接受他人的手勢，也意味著我們歡迎他人的意見。在我們為了表示自己的誠意時，也是攤開手掌，意思是「我坦白地告訴你」、「我錯了，我道歉」等。當我們在與別人談話的過程中，如果不經意地將原本緊握的雙手慢慢打開，其實是給對方傳遞了這樣的訊息：我正在放鬆戒備。在這種情況下，對方也會因此而相信我們的話不是謊言。

看到這裡，你心裡也許會這樣想：下次說謊時，我一定不把手藏起來。其實，當與人交談時說的話漏洞百出，就算我們攤開手掌，也難以掩蓋謊言，而且攤開手掌的動作和謊言的自相矛盾還會給人留下非常不好的印象，這個壞印象可能會影響我們以後與別人的交往。

當然，如果我們所說的話是謊話，但是手掌自然攤開，而且配合得很完美，別人也可能會被我們矇騙一、二次。但是，人們不可能總在一塊石頭上絆倒很多次，因此，一、二次謊言的代價可能是成為喊「狼來了」的孩子，即使以後我們說了真話，別人

攤開的雙手展示著你的誠實。

也不會再相信我們。這也告訴我們，在與人交往過程中，一定要言行一致，不要用攤開的手掌來行騙，因為這種行為遲早是會被別人識破的。

與攤開手掌手心向上完全相反的手部動作，就是伸出手時手心向下。這個看似簡單的變化，卻展示了完全不同的心理活動。如果你在交往中經常做出這個動作，即暗示你是個控制欲望很強，想要掌控一切的人。而且，你不夠坦誠，甚至很孤僻、很保守。希特勒當年發明了一個掌心向下的敬禮姿勢，即在敬禮時手臂伸直，手掌處於水平位置，掌心向下。這是狂妄的象徵。

日語中有一句話，直譯後的意思就是「讓對方看你的手心」，這句話要表示的就是要真心地對待別人，不要撒謊。通常，當我們將手掌攤開面對別人時，都是真誠、可信的。相反地，如果我們以掌心向下的手勢與別人交談，即使說的話聽起來很坦誠、很謙遜，但你的內心也一定是想要掌控對方、想要掌控你與對方的交談局勢的。

3　獨樹一幟的尖塔式手勢

所謂尖塔式手勢，就是將一隻手的手指尖輕輕地觸碰另一隻手的指尖部位，形成一個尖塔形狀的手勢。

這種手勢一般分為兩種，一種是舉起的尖塔，一種是放下的尖塔。通常，我們在發表自己的意見和觀點時，會使用舉起的尖塔；在聆聽別人的談話時，則會使用放下的尖塔。

在上級或下屬的交談中，往往會出現這樣的動作。例如，作為公司的主管，當你在講述自己的輝煌經歷時，會不時地用十指

構成塔形，甚至會將這個尖塔左右搖動。如果你是從事會計或律師工作，可能會經常在不自覺中使用這種手勢。因為這種手勢展現的是一種自信的態度，表示我們胸有成竹，充滿自信。或者，當我們對某件事下定決心，或找到了問題的答案時，也會做出這種尖塔式的手勢。一個著名的領袖在對他的傳記作者或專欄作家解釋一個結論或講述一個問題時，也會常常做出雙手指尖架在一起的姿態，說明對自己所說的話具有絕對自信的態度。有時不僅神情顯得自信，還可能會伴隨著身體後仰的姿勢，這個姿勢使自己更顯高傲。這種動作在西方比較多見。

在商務活動中，客戶都希望自己的業務能交給一個專業的人來完成。當你在客戶面前做出這個手勢時，會給客戶一種非常自信的感覺，客戶也會認為你是很專業的，是真的具有實力並勇於完成任務的專業人士。

據英國廣播公司報導，伊拉克前總統海珊在特別法庭出庭時，儘管只有短短的三十分鐘，卻足以令專家透過海珊的一舉一動對他的心理狀態進行評估。美國亞特蘭大心理學專家帕蒂沃德在接受英國廣播公司記者採訪時宣稱，儘管海珊在表面上仍然不斷地挑釁和反抗，但他的肢體語言卻證明他的內心防線已經崩潰。其中，便有海珊兩手指尖架在一起呈尖塔狀的動作。這是他最初自信時的表現，並且這是一個擁有權力或曾經擁有權力的男人希望重新獲得主控權和自我控制時的表現。

另外，在一些較正式的場合，尤其是會議主持人、領導者，或教師在主持會議或上課時，也用這個動作來展示獨斷或權威，以產生震懾學生或與會者的作用。

雖然這種手勢在很多時候是表現一種積極向上的心態，但在一些場合卻容易引起他人的誤解。比如，當你與地位平等的人聊

尖塔式手勢，一種自信的態度。

天時，使用這個姿勢的同時甚至有頭部微微後仰的動作，那表示你的自信表現得有點過頭了。這樣會令他人感到很不愉快，因為對方會認為你看低他，有些瞧不起他。所以，在與他人交談時，即使你自信滿滿，抑或你想贏得他人對你的認可，都要注意把握好分寸，以免影響正常的人際關係。

4 扭絞雙手的動作透露著你的不安

手勢經常會表露出我們的心理狀態，不同的手勢也展現著我們不同的內心活動。

例如，當我們感到焦慮不安時，我們就會玩弄手中的物品，或者轉動手上的戒指。如果感到非常焦慮時，甚至會將雙手扭絞在一起。心理學家在觀察一個嚴重焦慮症患者的過程中發現，患者做出的最多的動作，就是近乎自殘地扭絞自己的雙手。

事實上，扭絞雙手表現出來的不安心理，是哺乳動物的一種稱為「替代行為」的行為模式在作祟。當擁有多個互相衝突的動機時，我們就會需要尋找一種與直接目標互不相干的替代行為，藉此來發洩多餘的能量，讓自己獲得短暫的舒緩效果。例如，當我們做出兩手相扭、十指交叉的手勢時，便會表現出一種「手無處可放、有力使不上」的涵義。我們會感覺自己雖然具有能力，卻無法派上用場，所以就會做出一種想用力卻使不上的動作，想把力氣作用於自身，找出發揮力量的空間。

需要注意的是，當我們在尋找替代動作時，通常不會選擇任何身體部位來觸碰，而是會選擇別人可能會對我們進行安慰的地方，如手部、臉部、頭部等。這是因為自我慰藉的行為屬於一種

扭絞雙手，透露著不安。

退化性的行為，它令我們渴望回到童年被愛撫的時候，從而為自己帶來某種虛幻的安全感。

此外，當我們遇到困難或無助時也會不知不覺地做出扭絞雙手的動作，這說明我們的個性可能有些急躁，而且心態不夠成熟。特別是在遇到事情的關鍵時刻，我們就會不自覺地感到緊張，不能冷靜地思考解決問題的方法，而是表現出不知所措，也會不停地來回踱步，最明顯的舉動就是雙手相互扭結、十指交叉。此時，我們最希望的就是有人能夠來幫一下忙。如果沒有人伸出援手來施以幫助，我們就會顯得更加慌亂，雙手的動作也會越演越烈，甚至形成惡性循環。所以，即使此時我們在別人面前假裝平靜、假裝不在意，但一看我們扭絞的雙手，就會知道我們內心的真實感受。

內心感到不安時，不只會表現出扭絞雙手的動作，還可能出現用指尖撥弄嘴唇或者咬指甲。這些細微的動作都是內心焦躁不安的表現。用食指及拇指的指尖來觸摸嘴唇，一方面是想克服不安，一方面還可以令自己獲得安定。一旦這種不安感增加時，我們甚至會覺得只用指頭碰嘴唇是不夠的，於是就開始咬指甲及手指關節，甚至會把指甲咬成鋸齒狀。

因此，如果我們在與別人談話間頻頻扭絞雙手，或咬手指、指甲，或用指尖撥弄嘴唇，這給人的印象就是我們的性格焦躁、易緊張，或者性格還不成熟，且是極其幼稚的。這顯然對我們的人際交往是不利的，使得他人對我們的印象和信心大打折扣。所以，如果你有這樣的「毛病」，最好盡早改掉。

握緊拳頭，豐富的內心活動的展現

美國總統歐巴馬在發表就職演講的整個過程中，不只一次出現了緊握拳頭的動作。後來，他在其他公開場合演講時，也經常使用這個動作。

那麼，這個動作到底表現著當事人怎樣的內心活動呢？

在一般情況下，演講或說話時握緊拳頭都是在向聽眾表示「我很自信」、「我是有力量的」，表達一種亢奮或鼓勵之意。例如，運動場上的運動員在獲勝時，常常會用振臂握拳來表示亢奮。在比賽前，運動員也會用這個動作來給自己加油，表達一種必勝的決心。因此，這個動作在很多時候向別人展示的就是一種力量感和安全感。

在出現激烈的矛盾或糾紛時，有些成年男性就會用握拳頭或伸出拳頭來展示自己的力量，這時顯露出來的情緒就是憤怒，表示「我不會怕你，要不要嘗嘗我拳頭的滋味」，並想透過肢體衝突來解決糾紛，平息自己的怒氣。日常生活中，男性打架的前奏就可以為我們證明這一點：憤怒的一方用很大的力氣緊握拳頭，甚至將手指的關節都捏得咯咯作響，接著便是迅速揮出拳頭，向對方發動攻擊。

不過，在這種情況下建議你最好將拳頭收起來，不要總是將握緊的拳頭在對方面前晃動，因為這樣做的結果常會引起一場爭鬥，是不可取的。而且，從另一方面看，總是拳頭緊握的人給人一種內心缺乏安全感的感覺。

這是因為總是緊握著拳頭給人的感覺是防禦意識比較強。儘管握緊拳頭並非一定要去攻擊別人，有時只是要提防別人的攻

擊。但無疑地，這也是一種緊張、恐懼的狀態，說明我們是缺乏安全感的。

攥拳頭可能是表示我們對內心某種強烈情緒的遏制。例如，我們在極度憤怒又不想經由肢體衝突來解決問題時，就會低著頭緊緊握起雙拳。

又如，當我們聽到某個不好的消息而感到十分悲痛或極度懊惱時，也可能會握緊拳頭，並用拳頭敲打自己的頭部。

同時，在遇到令自己感到不快的人，或面對對手時，我們更會以握拳頭來表示挑戰。透過我們緊握的雙拳，對方就可以知道我們有挑釁或攻擊他們的意思。

還有，當我們感到對方對我們不利或心中感到緊張時，也會將雙手握成拳頭狀。這時候，我們所傳達出去的是小心謹慎、情緒不佳或緊張不安的意思。小嬰兒在突然受到驚嚇時，會很自然地握緊拳頭，就是在傳達著這種情緒。

不過，緊握拳頭表現出來的不全都是不佳的情緒，雖然這表示我們的內心可能缺乏某種安全感，防禦心理較強。但同時，有這種習慣的人是能夠關心和體貼別人的，且比較富有同情心，也比較善解人意，因此會有不錯的人際關係。

摩拳擦掌時，你的心事已被識破

如果我們準備在幾天後去度假，現在正在準備度假的有關事宜，在我們在與朋友談起這件事時，可能會不斷地摩拳擦掌，表達著自己的期待和興奮之情。其實，即使我們現在不說話，僅僅是摩拳擦掌的小動作就已經將我們迫不及待的心情告訴給別人

了。

通常，人們都會用摩拳擦掌的手部動作來形容做事精神振奮、躍躍欲試的樣子。

比如，在投擲骰子前，很多人先將骰子放在手心，反覆摩擦，目的就是希望能擲出一個對自己有利的點數。在飯店吃飯，當飯店即將打烊時，服務生可能會走過來，一邊摩擦著手掌一邊問：「請問您還需要點什麼嗎？」此時，你可千萬不要以為他很願意為你服務，他的動作其實是在告訴你：我們要下班了，你應該準備結束用餐了，或是付給我一些小費了。他的這種摩拳擦掌的動作，就是在傳達一種期待的心情。

在一些專業的培訓機構，授課講師在給從事銷售工作的員工上課時，會教給他們一些簡單的促銷手段。比如，在向顧客描述某種產品或接受某種服務時，最好能配合一些摩擦雙手的動作。而且，需要注意的是，摩擦的速度一定要快，且不能引發顧客的防衛心理。如果顧客在聽了你的介紹後，在不知不覺中也跟著做出快速摩擦手掌的動作，這就意味著他希望可以看到一些讓他滿意的產品或服務，而且購買的欲望也很強烈。

摩拳擦掌的速度在一定程度上也能表現出當事人的一些心理變化。

比如，你打算購買一輛車，你到一家車行向車行老闆陳述了自己購車的一些條件後，如果車行老闆一邊快速地摩擦著手掌，一邊說：「您真是運氣好，我們這裡剛好有一款符合您需要的車子。」車行老闆所做出摩拳擦掌的手部動作，就是想告訴你，你在這筆交易中會得到不少好處；相反地，如果他的手掌摩擦得很慢的話，那麼他可能會有些閃爍其詞，似乎在隱瞞一些內容。這就會令我們有一種可能會上當的感覺，覺得自己在這筆買賣上會

被當成肥羊「宰」。

　　此外，如果你在向上級主管回報其所交付的工作，或者完成了應承朋友的事時，也可能會做出這種摩擦手掌的動作，此刻你所傳達出去的涵義就是「我已經完成了任務」，或「我沒有讓你感到失望」。

　　總而言之，這個手部動作所傳達的是一種積極、樂觀的情緒。當然，任何動作所表達的涵義都不能離開動作發生的時間與背景，因為時間和背景的不同，動作所顯示的涵義也是不完全相同的。例如，在寒冷的早晨，我們在車站等車時會不停地摩擦雙手，即使我們會與別人交談，這個手勢卻不能表示任何特別的心理。此時，我們只不過感到有些天寒凍手，借助摩擦來獲取熱量而已。

7　自我觸摸的動作有時也會出賣你

　　日常生活當中，我們經常能看到小狗和小貓等小動物舔舐自己的身體，小孩子會吮吸自己的拇指，就連成人有時也會不自覺地摸臉、托腮、摸下巴等。這些都屬於觸摸和自我觸摸行為。小動物舔舐身體是本能的需要，小孩子吮吸則是心理的需要，而成人在感到不適時，也會高頻率地使用自我觸摸的行為來調整自己的心態。因此，這些自我觸摸的動作也展露著當事者的心理活動和情緒變化。

　　有時，小孩子在撒謊時會用一隻手摀住自己的嘴巴，試圖讓謊言不再從嘴巴裡冒出來。當不想聽父母的訓斥時，就會用手摀住自己的耳朵，阻止訓斥聲鑽進耳朵。如果看到可怕的事物，就

會用手遮住眼睛。當孩子逐漸長大後，這些手勢動作也會變得越來越熟稔而不易覺察。於是，在試圖掩飾自己的謊言時，我們就難免會習慣性地做一些下意識的手勢。正是因為這些手勢動作也將我們慌亂的內心曝露於外，使得細心的人透過這些動作猜測到我們的內心活動。

我們應該都有過這樣的經驗：當我們在和父母或不太熟的異性一起看電影或電視劇，遇到男女演員做出親熱的鏡頭時，我們就會下意識地做出觸摸眼睛或鼻子等部位的動作，並且希望這個鏡頭趕快過去。這個觸摸動作所傳達的就是我們企圖阻止眼睛看見令人尷尬、不愉快、不舒服，或是遭受懷疑的事情，代表的意思就是「我很不安，我不想看！」

當年轟動全世界的醜聞「水門事件」發生後，直接導致了尼克森總統的下台。當時，全世界的電視台都播放了這條新聞。在鏡頭中，尼克森一邊回答著記者們的提問，一邊隨手撫摸著自己的臉頰、下巴等部位。這些微妙的自我觸摸，在水門事件爆發前的尼克森身上是不常見的。因此，儘管當時尼克森在鏡頭前表現得很鎮靜，但透過這些肢體動作，我們就更確信尼克森在水門事件中是脫不了干係的。

每個人都有自己的短處，在某些方面往往是怯懦的，尤其是自己心裡明白自己有錯時，為了彌補內心的懦弱感，在許多場合就會用自我觸摸身體的方式來掩飾自己的混亂感，自欺欺人地安慰著自己的內心，試圖撫平內心難以言喻的焦慮感。毫無疑問地，自我觸摸動作頻繁的人，內心也一定隱藏著許多不穩定的祕密。就算我們的控制能力再強，在他人眼裡，我們的表情依然會顯得機械、呆板。

很顯然，肢體動作與我們的內心情緒是息息相關的。當我們

心中感到不安或情緒異樣時，為了安慰自己的內心情緒，就會藉由自我觸摸來求得心理的平衡。為了達到這種目的所進行的下意識的自我觸摸，反而會出賣我們真實的內心活動，而令我們的表現看起來更加不可信。因此，如果你打算藉由這種自我觸摸來掩飾自己的心情，也許並不是一個明智的作法。

8　雙手插入口袋，表示你在拒絕別人

　　大多數人可能會有這樣的習慣，就是不論在何種情況下，都喜歡把手插入口袋中。事實上，這種手勢通常會給人一種莫測高深的感覺，更明確一點兒的涵義就是表示「我拒絕跟你交談」。

　　這種姿勢多數會出現在一些非正式的場合，係屬於一種很無禮的姿勢。如果你在某些正式場合使用這樣的姿勢，會給人一種非常強勢、缺乏涵養的感覺。這時，倘若你主動與對方交談，或者向對方請教問題時，會發現對方根本不想搭理你。即使迫不得已回應，也是敷衍了事。之所以遭到這種待遇，就是因為你的姿勢破壞了自己在對方眼中的印象，令對方認為你很傲慢、沒有修養。

　　在一些專門的銷售培訓課程中，講師們會告訴銷售人員一些手勢動作所表現出來的內心活動。比如，當顧客將雙手插在口袋裡看商品時，表示他此刻並沒有購買的欲望，只是抱著一種觀望的心態；而且，他並不希望銷售人員太過熱情地推銷，過於熱情反而令他感到很煩。這時，銷售人員最好先詢問一下顧客想要什麼樣的商品，弄清楚對方的需求後再進行推銷。如果顧客只是說想看看，那麼就告訴對方：「您需要的時候請隨時叫我。」然後

就不要再喋喋不休地煩擾對方，否則只會自找沒趣。

　　在英國戴安娜王妃去世後，媒體每次只要一有機會就會採訪威廉王子，威廉王子幾次都做出手插口袋的姿勢。其實，威廉王子的這個姿勢就是在拒絕媒體，意即：此時此刻，我不想發表意見，請結束這次的談話吧。

　　從另一個角度看，經常將手插入口袋中會給人一種不太認真聽別人講話的印象。也就是說，當對方與你講話時，你的這個姿勢可能會被對方認為你此刻正在思索自己的事，而不是在聽他說話。因此，這也給人一種不被尊重、不被重視的感覺。如果你將雙手插入口袋內，並將大拇指露出來，就更會被人認為你過於傲慢，看不起人。

　　除了雙手插入口袋會顯露出一種拒絕的心理，將雙手藏在身體後方也有類似的心理表現。比如，在一些推銷活動中，消費者的一舉一動都會展現著購買慾望。如果消費者想購買某件商品時，他的雙手通常都會曝露在銷售人員的視線之內。如消費者一邊聽銷售人員的介紹，一邊亮出自己的雙手，就代表他的心裡已經在逐漸同意銷售人員的觀點，並產生了購買的傾向。相反地，如果消費者並不想購買，只想找些理由拒絕銷售人員，那麼他就會將雙手隱藏起來。這時，消費者的手勢其實就是在告訴銷售人員：我不想購買，請不要再介紹了。

　　從上面的敘述可以得知，與人交談時將雙手插入口袋內其實是不太禮貌的，在別人看來這就是一種拒絕的手勢。所以，除非你真的想拒絕與對方交談，不想加入談話當中，否則盡量不要使用這種手勢，這很容易引起他人對你的誤解。

「抓耳撓腮」出賣了你的所思所想

「抓耳撓腮」這個詞語在成語中被解釋為「抓抓耳朵，搔搔腮幫子。形容心裡焦急、苦惱、忙亂時無計可施的樣子。」由此可見，這個動作所表達出來的內心活動是焦慮、緊張、不安、慌亂的。

抓撓耳朵的手勢，包括用手蓋住耳朵、拉扯耳垂、摩擦耳廓後面，或將指尖深入耳道掏耳朵等。與觸摸鼻子的手勢一樣，抓撓耳朵的動作也意味著你的內心充滿了不安和焦慮的情緒。當你在做出這些手勢時，會讓人以為你的內心一定是感到緊張和缺乏自信的。

「撓腮」的手勢，是指用食指抓撓脖子側面位於耳垂下方的區域。通常，人們在做這個手勢時食指會抓撓五次。這個手勢顯現了人們內心的困惑和不確定，相當於不太確定是否認同他人的意見，有些懷疑。尤其是當所說的話與手勢動作不一致時，更會展現出這種心理活動。

比如，當你在聽完別人的談話後，邊抓撓脖子邊說：「這個……我覺得你做得很對。」其實，你的心裡也許並不這麼想，而是對對方的作法感到不理解，或者不認同，可是又不好直接指出，只好敷衍對方。但是，你的手勢動作卻出賣了你的真實想法，也許對方透過你的手部小動作就可以判斷你正在撒謊。此時的手勢動作一方面是因為你在撒謊時感到不安，在交感神經的促使下做出了下意識動作；另一方面，則是因為潛意識裡拒絕繼續傾聽對方的觀點，因為你與對方的意見是相左的。

除了抓撓耳垂、耳廓、腮部、脖子等部位的動作，有時人們

還可能下意識地做出拉扯衣領的動作。這是因為人在撒謊時面部和頸部的神經組織會產生刺癢的感覺，而且因為害怕對方懷疑自己所說的話，脖子也會因血壓升高而不斷冒汗，用摩擦或者用手抓撓就可以消除這種不適感。所以，當人們面臨疑惑時，就會不知不覺地做出抓撓脖子或頻頻拉扯衣領的動作，以此來緩解自己的不安和焦慮。

另外，當你在與別人交談時，如果內心感到緊張、不耐煩或缺乏自信，還會做出一些諸如手裡不停撥弄東西，或整理領帶、摸頭髮、摸下巴等動作。這些凌亂的手勢動作與抓撓耳朵、腮幫子的動作展現著類似的心理活動，這是表示你此時感到很煩亂，表示不希望對方再繼續說下去，而是想自己冷靜下來思考一下。同時，也可能表達你此刻很缺乏信心，很需要聽到或看到一些真實的事物才感到心安。因此，即使你沒有透過直接的語言表達自己的真實所想，對方很可能會透過你的動作讀懂你的內心，從而相應地停止與你的交談。

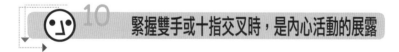

10　緊握雙手或十指交叉時，是內心活動的展露

緊握雙手通常有三種姿勢，一種是將雙手舉到臉部，然後緊握；一種是雙臂放在桌子或膝蓋上，用手肘支撐，然後握緊；另一種是握緊後放在小腹部。雖然三種姿勢都是緊握雙手，但所展示出來的心理活動卻是不同的。

通常，雙手放置位置的高低與我們的心理挫敗感的強度是息息相關的。

如果我們將雙手抬得很高並且握緊，那麼別人在與我們溝通

時就會感到吃力，因為這時的我們給人的感覺是很強勢，不容易
接近；相反地，如果雙手放在身體下部並握緊時，別人就感到與
我們溝通起來比較容易，因為此時的我們看起來有些挫敗，也開
始願意接受別人的看法。

　　英國伊麗莎白女王在皇室訪問或出席公共活動時，最常見的
手勢就是雙手握緊，然後優雅地放在膝蓋上。因為是名人，所以
人們通常認為這個手勢代表著自信和從容。其實並非如此，這種
姿勢展現出來的反而是拘謹、焦慮。談判專家尼倫伯格和卡萊羅
曾經對這種手勢進行研究，結果發現，如果一個人在談判中使用
這個手勢，就說明他已經有了挫敗感，心中的消極情緒已開始蔓
延。所以，當我們感到自己的話缺乏說服力，或自己已經處於下
風時，就可能會做出這種手勢。其他人也可能會透過我們的手勢
變化，來猜測我們的心理活動。

　　十指交叉的手勢一般有四種：一種是將十指交叉後蓋在頭
頂；一種是將交叉的十指舉到臉部，與額頭平行；另一種是十指
交叉，將肘部放在桌子或膝蓋上；還有一種也是將十指交叉後放
在小腹部位。

　　十指交叉與緊握雙手展現著相似的心理活動。心理學家研究
發現，十指交叉表現的是一種拘謹、焦慮的心理感受，帶有一定
的否定、消極情緒。同時，十指交叉後放置的部位越高，說明此
時我們內心的挫敗感越強烈。隨著十指交叉位置的提高，別人與
我們交流的難度也會增大。當我們將交叉的十指放在頭頂時，幾
乎已經聽不進別人的談話了。此時，我們的焦慮和消極心理已經
達到了頂點。

　　我們可能會發現，有些新聞發言人在發言時就會將雙手的
十指交叉，然後平放在桌面上。這個動作看起來似乎是心平氣和

的，顯示自己很自信，但有時則並非如此，它可能代表的是著一種內心不安的情緒，表示他在掩飾自己的消極態度。

由此可知，手勢動作和心理活動是相互影響的。所以，在商務活動中，如果不希望自己的情緒變化影響到正常的商務交流或談判，最好不要做出這種十指交叉並且位置不斷提高的手勢，因為這會讓對方感到你在建立心理防禦，不希望談判正常進行下去，這對商務活動顯然是不利的。

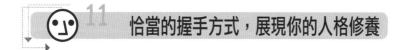

11 恰當的握手方式，展現你的人格修養

握手是世界上最常見的一種社交禮儀。

在雙方握手後，便可以從對方的握手方式中獲得對方對自己的第一印象，而我們也是一樣，在握手後會在潛意識中對我們做出相應的評價。比如，是否感到我們會對他造成壓力，我們正在試圖控制他；或者我們是否是個好欺負的人，他想控制我們；抑或我們與其勢均力敵，對方覺得與我們交往很舒服。

也許你認為握手只是一種禮儀行為，但事實上，幾乎每個人在握手時都會在潛意識中對對方做出評判，並會透過這一動作猜測對方的心理活動。所以，掌握恰當的握手方式不僅對人際交往非常有用，而且還能展現出我們的個人能力和人格修養。

那麼，怎樣的握手方式才是恰當的呢？這是個難以回答的問題，就如同「什麼樣的衣服好看」一樣。恰當的握手方式需要根據當時的環境來判斷，就像不同的場合我們要選擇穿著不同的衣服一樣。

如果你希望在握手之後的氣氛能夠更加融洽，那麼在握手

時就應該盡量保證雙方的手掌處於同一水平面，並與對方的施力相同一致，然後輕輕地搖動四至六下。如果要表達見到對方的興奮、喜悅之情，也可以用兩隻手握住對方，並稍稍增強力道，以表示自己對於對方的重視。這會給人一種熱情、真誠、以及被重視的感覺，彼此之間的關係也會因此而變得更加融洽。

如果你面臨的是一場商務談判或者棘手的交易，那麼在握手時要盡量將手掌翻轉，使自己的手心向下，這樣可以給予對方一種強勢的感覺。這種握手方式也被稱為「獲得控制權的握手方式」。

然而，當你打算向人道歉時，就不能再使用這種具有控制權的握手方式了，這樣做只會使對方懷疑你的誠意，讓結果更加糟糕。所以，這時要使用一種恭順的握手方式，即盡量讓自己的手心朝上，主動給對方讓出優勢地位，而且還要保證手腕柔軟。不過，倘若有人在與你握手時使用這種握手方式，最好不要因此便判斷對方毫無威脅，因為有些靠手謀生的人會在潛意識裡保護自己的手部不受傷害，他們就會採取這種最不容易傷到自己雙手的方式握手。但是，這並不代表他們就一定是軟弱無能或是對人很恭順。例如一些外科醫生、手部模特兒、畫家、鋼琴家等，在握手時就會給我們造成這種錯覺。

另外，握手時拇指與食指的張開角度也能展現我們的內心活動。如果你想在對方面前表現得謹慎一些，不想太過張揚，注意拇指與食指的分開角度不要超過三十度；如果你想表現得慷慨、靈活、熱情一些，可令拇指與食指的張開角度保持在四十五度左右；如果你想表現得開朗、大方一些，則可令拇指與食指張開約九十度。總之，拇指張開的角度越大，越能展現你的大氣，但也容易給人一種獨裁的感覺；拇指張開角度越小，越顯示你的保守

與謹慎。

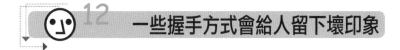

12　一些握手方式會給人留下壞印象

在社會交往和商務活動中，握手普遍被用來溝通情感和維繫關係。不過，很多人並沒有真正掌握握手的要領。而且，還可能由於某些錯誤不當的握手方式，給別人留下不好的第一印象。

在所有的握手方式中，被公認為最不受歡迎的方式就是奄奄一息、毫無力道的握手。可能你不知道自己怎樣與他人握手會給人一種奄奄一息的感覺，那麼請回想一下自己在與別人握手時是否有過這樣的經驗：握手時，對方彷彿是一個奄奄一息的病人，軟弱無力，而且握手時間很短，只是稍稍一沾手就放開，敷衍了事。

這種握手方式會不會讓你覺得很不舒服？如果是，那麼最好不要用同樣的握手方式與他人握手，因為這會讓人覺得你毫無誠意，而且是個軟弱無能之人。如果與你握手的人其地位恰好又比你低，這樣的握手就會讓對方認為被你輕視。試想，如果在與客戶洽談生意前使用這種握手方式，有哪個客戶會樂意將自己的業務交給一個他認為毫無誠意且又軟弱無能的人呢？

在握手時，有些人習慣於握住一下即可。雖然開始時將對方的手握得很緊，卻只握了一下便鬆開了。如果你恰好有這種握手的習慣，那麼你在社交場合可能會表現得很輕鬆自在，但你的內心往往很多疑。而且，你不會上別人的當，即使別人對你很友善，你也會時刻保持警戒。因此，你的握手方式會給人一種你不夠信任對方的感覺，故而對方也很難與你建立很友好的人際關

係。

　　還有一種握手方式屬於刺刀般的握手，要理解這是一種怎樣的握手方式，我們不妨回想一下使用刺刀刺向靶子時的情景。

　　也就是說，在握手前，會將手臂彎曲成幾近九十度的角度，然後直挺挺地將手臂伸向對方。這一動作會令對方感到很突兀，同時也顯示出你手躁、不夠沉穩的個性。

　　與刺刀般握手相仿的另一種握手方式，是將握手對象拉近自己的身邊，令對方進入自己的私人空間。這種握手方式即在暗示你是一個缺乏安全感的人，將對方拉入自己的空間是為了克服陌生環境，或陌生的人帶來的緊張和不安。這種握手方式同樣不會令人對你產生好感。

　　握手時，如果不停地上下搖晃，彷彿停不下來一樣，會令人感到不舒服。

　　這種握手方式在一定程度上雖然會讓對方感到非常親切和熱情，但如果不把握好「力度」，反而會弄巧成拙，讓人認為你過於逞強、自高自大。

　　還有一個握手時需要注意的問題，就是與人握手時手掌都是汗水，讓人握手時感覺濕濕黏黏的，像一塊剛剛擦過稀飯的抹布。在這種情況下，不論你的握手姿勢多麼正確，你的表情多麼地彬彬有禮、熱情有加，也不會給人留下什麼良好的印象。因為這會讓人感到你的內心過分緊張、害怕，甚至情緒正處於失衡狀態。處於這種狀態下的你，又怎麼能讓對方相信你會有良好的表現呢？所以，如果你的手掌經常出汗，最好能夠準備一條乾淨的手帕，以備不時之需。

13　交叉雙臂，意味著你在防禦對方

　　雙臂交叉的手勢動作可能是我們經常會做出的動作，但是你知道它所展現出來的心理特徵嗎？你是在何種心理活動下才會做出這個動作呢？

　　然而，可能多數人不太考量這個問題；事實上，雙臂交叉的確是一種很明顯的心理活動的外在展現。通常，這是一種消極、否定、負面的肢體姿勢。整體而言，這是屬於一種防禦性的姿勢。將雙臂交叉地抱於胸前，就如同在自己與他人之間建立了一道屏障，將不喜歡的人或物擋在身體之外。通常，當我們在擁擠的公車或一些其他的陌生環境中，常常會做出這種姿勢，大多數情況下是為了掩飾自己的不安和緊張情緒。

　　雙臂交叉抱於胸前的姿勢有很多種。例如，將雙臂交叉後抱於胸前的同時，雙手還會握成拳夾在腋下，這不僅傳遞一種強烈的防禦意識，更對他人帶有明顯的敵意。如果你去一些專門的投訴部門門口觀察等待解決問題的人，會發現大部分人都會做出這種動作。在這種情況下，你給人的感覺就是內心充滿不滿和憤怒，甚至想要與對方發生口角爭執。

　　另有一種抓握式的雙臂交叉，即在交叉雙臂環抱於胸前的同時，雙手分別緊抓住另一隻手的上臂。這種姿勢與以上姿勢所表達的心理有所不同，它不僅帶有防禦封閉的感情色彩，還代表著內心更多的不安、拘謹和緊張情緒。大多數時候，當我們在弄不清楚目前狀況的情形下，就會下意識地做出這種動作。不過，如果你是一名高層管理人員，最好不要使用這種手勢，因為這會讓員工認為你有怯場或緊張的嫌疑，破壞你在他們心目中的領導形

交叉雙臂，意味著在防禦對方。

象。

除了以上兩種姿勢外，還有一種在做出雙臂交叉抱於胸前姿勢的同時，再露出兩個向上豎起的大拇指。這是一種很自信的身體姿勢，是想透過這個姿勢告訴對方，你的自我感覺良好，一切盡在掌握之中。如果你感到自信滿滿，與上司相比毫不遜色，那麼在會見上司時就可能做出這種姿勢。在上司的眼中，你的動作和姿勢告訴他，你是個能力很強的人，而且也很敢於發揮自己。

不過，整體來說，如果你經常做出將雙臂交叉抱於胸前的姿勢，你的可信度就會隨之大大降低，雖然這個姿勢讓你感到很舒服。有關人員曾做過研究，在一場演講當中，如果台下觀眾的雙臂始終保持一種交叉的姿勢，則說明他並不贊同台上演講人的觀點，而且他的注意力也已轉移到了演講之外的其他事物上。

正因為如此，很多培訓中心在教室裡都擺放著有扶手的椅子，使受訓人員可將手放鬆地置於扶手之上，減少手臂交叉抱於胸前的姿勢產生。

請記住，所有的肢體語言所要傳遞的訊息，無論是對接收者還是對發送者而言，都是一樣的。當你覺得在面對某人時要挺直腰背時，將雙臂交叉抱於胸前的姿勢會讓你覺得很「舒服」，但是有研究說明，面對這樣的姿勢時，對方對你的態度也同樣是否定或消極的。

所以，無論何時何地，都應該盡量避免做出這種交叉雙臂的動作，除非你想刻意地告知對方，自己並不同意他的觀點，或者說你並不想參與其中。

14　雙手扠腰所展現出來的個性特徵

　　兩個吵架吵得不可開交的人，或者運動員對待自己即將參加的比賽時，我們常常會看到他們的姿勢是雙手扠在腰間，肘部從身體兩側凸出。這種姿勢所要表達的是一種抗議或進攻的情緒，而這也是一種非常自信、非常獨立的表現。

　　雙手扠腰的姿勢屬於一種古典的肢體語言，象徵著命令，也意味著想充當支配者，表示自己隨時準備發起攻擊。這種姿勢可以讓自己佔據很大的空間，而且外凸的手肘又像武器一樣，可以產生威懾別人的作用，顯示出自己對於戰鬥已經準備就緒的狀態。

　　做出這種動作，還會給人一種成功者的印象，因為它能夠顯示出我們對既定目標的志在必得和胸有成竹。如果男性在女性面前做出這種動作時，會令你顯得更加魁梧，更有男子漢的氣概和自信風度。

　　走路時喜歡雙手扠腰，則給人的感覺通常是個急性子，總希望在最短的時間內做完自己的工作。在他人看來，你是一個具有很強爆發力的人，在決定實施計畫時就會做出扠腰的動作。有時，從表面上看，你似乎想給別人一種沉默、低調的印象，好像沒有什麼大的舉動。其實，你的這種表現是「此時無聲勝有聲」，因為你這種下意識的扠腰動作，實際上就是一個大大的「V」形，你已經告訴別人，自己對這件事很有自信，且勝利在望。

　　男性雙手扠腰會給人比較健壯魁梧的感覺，但女性雙手扠腰卻會給人一種兇悍潑辣的感覺，有「河東獅吼」之嫌。電影《功

172

夫》中的那位暗藏獅吼功絕技，將承租戶嚇得大氣不敢喘的包租婆，就會擺出雙手扠腰的姿勢；電影《河東獅吼》裡那位性情暴躁，把老公打得不敢回家的月娥，也有這樣的姿勢。這些「悍婦」的最典型姿勢，就是在「發威」之前先將雙手扠腰。所以，女性即使自信心再膨脹，再自我感覺良好，最好不要採用這種姿勢來展現自己，否則只會把周圍的人都嚇跑。

不過，並非所有雙手扠腰的女性都不能顯示溫柔。有一種情況下，女人雙手扠腰還是很能顯示自己的魅力，就是那些在伸展台上走秀的模特兒，她們很多時候都會以扠腰的姿勢行走在伸展台上。行為學家研究發現，這是模特兒在透過這種姿勢告訴觀眾，她們穿上這樣的衣服是多麼地自豪、多麼地有自信，心動的人們趕快來買。

另外，當我們做出雙手扠腰的姿勢時，外衣的釦子是緊緊扣著還是鬆開著，扠腰時是否將衣服的下襬帶到臀部，也展現著我們不同的心理活動。如果在衣服扣著的狀態下做出雙手扠腰的姿勢，則我們給人的感覺就是沮喪而不是自信的，有一種挫敗感；如果將衣服敞開，扠腰的同時又將衣服的下襬拉到臀部，表達的就是一種挑釁的心理，說明自己毫不畏懼。如果再將雙腳分開，挺拔站立，則攻擊性的氣息就更濃烈了。

總之，如果你不是偉人，也不是行走於伸展台上的模特兒，最好是少做出這種姿勢。無論如何，這種姿勢看起來比較容易冒犯別人。例如，在第二次世界大戰結束時，道格拉斯‧麥克阿瑟將軍在接受了日本投降後與日本天皇的合影。在這張照片上，日本天皇站在一旁安靜地將雙手放在身體兩側，麥克阿瑟將軍則將雙手放於髖部上，做出了「扠腰」的動作。這在日本人看來，就是個極為不敬的姿勢。

15 擁抱自己時，你在掩飾什麼

通常，當我們將雙手合抱於胸前時，就可以與外界間形成一道阻擋威脅或不利情形的有利防線。尤其是在公開的集會上，以及一些讓人感到不自在或不安全的場合，這種姿勢可以令我們感到比較舒適。當然，如果你在與人交談時是採取這種姿勢，很可能會被對方看透內心，認為你是個缺乏安全感或缺乏誠意的人，因為這種姿勢也代表著一種抗拒的情緒。

有些時候，我們還會用另一種姿勢來代替這種明顯的肢體語言，就是單臂抱於胸前，即用一隻手臂在身體前彎曲，然後抓住另一隻下垂在另一側的手臂。這種姿勢也被稱為「自我擁抱式」，看起來就像在擁抱自己。通常女性很容易做出這個動作，在多數情況下，它所傳達的是我們心中存有焦慮、落寞或無奈。當對人感到反感，或感到對方對自己可能有不良影響時，我們就容易做出這種姿勢，表示要與對方保持一定的距離。

男性的自我擁抱姿勢與女性不太一樣，通常是將下垂的雙臂前移，然後雙手互相握住放在身體前方。通常，在上台領獎時，我們會用這樣的姿勢面對觀眾。這種姿勢也被稱為「護短式握臂」，因為我們雙手的位置正好處於身體的「重要部位」，這個姿勢可以保護自己避免受到傷害。所以，這個姿勢傳遞給別人的訊息就是我們在增強自身的安全感。

有時，在一些商務活動或會議上，我們會將手提包或公事包抱在胸前，其實這也是在掩飾內心的不安。而且，這個動作更曝露了我們內心的真正想法，因為這種姿勢並沒有什麼實際意義，只是一種單純的掩飾而已。相對來說，女性掩飾內心情緒的動作

會更隱晦一些，當意識到不安或內心感到緊張時，通常會緊緊地抓住手提包或錢包等隨身攜帶的物品。

我們不僅會透過握住手臂這種明顯的動作來擁抱自己，以獲得內心的安全感，還會藉由一些微小的動作來充當防禦工具，比如用雙手握住茶杯。其實要端起一個杯子，一隻手就足夠了。如果你在與人交談時使用兩隻手捧住杯子，你的雙臂就會很自然地在胸前形成一道屏障，這樣可以讓自己感到不安的因素被擋在雙臂之外。這種自我保護的肢體動作比較簡單，且又不容易被別人察覺，所以幾乎所有人都使用過這樣的姿勢，但可能只有少數人能意識到我們做出這種姿勢時真正的內心活動。

當然，這並不代表所有人都不會識破，總會有人能透過我們的這些姿勢洞悉我們的內心。因此，如果你不想被看透，這種姿勢還是慎重使用為好。

16　讓手平靜地放著不動，防止別人看透內心

古羅馬著名的政治家和雄辯家西塞羅曾說：「手勢恰如人體的一種語言，這種語言甚至連最野蠻的人都能夠理解。」的確，手勢動作完全可以代替我們的嘴巴來表達一個完整的概念和一個清晰的涵義，並且比語言更精準、細緻地反映我們內心的真實情況。

我們比較容易做到透過手勢觀測他人，而避免或強化自己的某些手勢卻不那麼容易做到。因為手勢大多數都是我們自然而然地、出於本能做出來的，比較難改變。那麼，在日常人際交往過程中，尤其是在商務談判過程中，我們要如何才能避免做出不恰

當的手勢，或在不知不覺中被某些手勢出賣呢？很簡單，倘若你不擅長使用手勢，那就在說話時忘掉雙手，或乾脆將雙手放進衣服口袋中「藏」起來。

當然，要忘掉雙手並不容易，因為只要雙手閒著，就可能被我們的本能指引著來「搗亂」。因此，如果這場談話對你來說是比較重要的，你又擔心雙手出賣自己的內心，就讓它做點別的事吧。例如，可以在面前擺弄一只茶杯，從談話開始前就讓雙手捧住茶杯；或將雙手合併，夾在兩腿之間；或在談話過程中不時地看一看別人的雙手，以便提醒自己不要做出不恰當的手勢……等等。

如果上面的辦法還不能令你的雙手「安靜」下來，就用一種無敵的招數：在說話時將雙手「藏」到口袋當中。

不要小看這個辦法，這不僅能幫助你避免被不恰當的手勢出賣，還能夠在無形當中增加你的風度。有一本描寫上流社會行為模式的書籍中就曾經這樣介紹：手插入口袋的姿勢，是男子的一種常見動作，多見於受過良好教育的紳士。這種手部姿勢在展現男子的英雄氣概之餘，還能突出其良好的教育，使他們具有彬彬有禮的紳士風度。也許，正因為如此，法國驕傲至極的皇帝拿破崙在看到畫像中的自己也使用這種姿勢時，非常高興地誇讚畫師：「你太了解我了」。既然這個動作能夠一舉兩得，我們何樂而不為呢？

第七章

肢體姿勢與動作是內心世界的真實表現

通常，我們對自己面部的表情都很在意，會有意識地控制自己的面部肌肉，使自己的內心想法不被察覺。但是，一些肢體姿勢卻成為我們內心世界真實的外在表現，比如腿部姿勢、腳部動作等，都是非常豐富的訊息來源。如果稍不注意，我們的內心活動就可能透過這些肢體姿勢顯現出來。

1 坐姿出賣你心裡的祕密

　　從某種程度上說，坐姿本身就是一種肢體語言，可以向對方傳遞很多訊息。坐姿是否優美，也是影響別人對你的第一印象的重要因素。在生活和工作中，就座習慣可以展現出落座者的個性修養。

　　通常，在人際交往中，坐著時的姿勢都應該保持端正，舒適自然、大方端莊。在日常交往中，對入座和落座是有一定要求的。入座時，動作要輕盈和緩、自然從容；落座要輕，不能猛力地坐下，避免發出響聲；而起座時則要端莊穩重。

　　坐下時，如果習慣將左腿搭在右腿上，且雙手放於大腿兩側，則你給人的感覺會比較自信、比較主觀。即使與他人發生矛盾，你也不太輕易受人影響。所以，別人通常會認為你是一個具有領導才能的人。

　　如果坐下時喜歡將右腿搭在左腿上，小腿靠攏，雙手交疊後放在大腿上，這種姿勢乍看起來讓你顯得比較和藹可親，容易接近。但很快地人們就會發現，你很喜歡擺架子，心機也重，喜歡向別人炫耀自己，而且缺乏耐心，根本就不是個溫順踏實的人，以至於對方不得不反省自己之前對你的判斷。因此，他們會很快地就不樂意與你深入交往了，所以你的人緣也就不會很理想。

　　坐下後將雙腿和雙腳都併攏，且雙手放於大腿兩側時，會給他人一種木訥、古板的印象，雖然看起來很謙虛，你對自己的內心世界卻很封閉，聽不進別人的意見。如果對方恰好是一個感情豐富、奔放的人，對你簡直難以忍受。同時，坐時將腳踝交叉，也有類似的心理傾向。這種坐姿主要是想控制自己的消極、緊張

情緒，緩解自己的恐懼心理。

　　將兩個膝蓋併攏，小腿與腳跟卻分開，呈「八」字形，雙手相對放在兩膝間，則會給人一種內向、羞澀、膽怯的感覺。如果你是女性，在做出這種坐姿時，會被認為是缺乏信心。在工作時，你可能會給同事或主管一種墨守成規、因循守舊的印象，缺乏靈活感。

　　坐下時蹺起二郎腿是比較常見的一種坐姿。如果蹺二郎腿時習慣右腿在上，會讓你看起來比較溫順，但其實你的性格很內向，不容易被接近；若蹺二郎腿的習慣是左腿在上時，則是性格開朗、聰明、自信心強的表現。如果你坐下後立即就抬起二郎腿，表示你具有好勝和反抗的意識。如果被他人看懂你這個肢體動作，顯然是不太禮貌的。

　　有很多男性在坐下後，會很自然地將兩腿張開。千萬別忽視這個動作，這個動作會很容易被別人看出你的個性心理。因為從某種角度來說，一個不分場合、總喜歡張開兩腿坐著的男性，很可能是個從小被嬌寵慣壞了的人，自以為比他人優越，具有高傲自大的個性。所以，對方在與你交往時會感覺缺乏安全感。

　　有時我們還喜歡側身坐在椅子上，因為這樣的姿勢很舒適，並不會考量到這種姿勢會給人帶來什麼印象。其實這個姿勢已經告訴他人，你是個不拘小節的人，此時你的內心也比較放鬆。

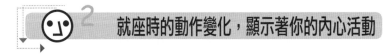

就座時的動作變化，顯示著你的內心活動

　　坐姿能夠反映人們的個性特徵和心理活動；同樣地，就座時的動作也會在一定程度上出賣自己的內心祕密。

如果你在眾人面前猛然地坐在椅子上，以為這樣會給別人一種大而化之、不拘小節的印象。其實不然，如果你的對面是一個熟悉肢體語言的人，你的落座動作等於在告訴他，你是不安的，你感到有些緊張。換句話說，你的這個入座動作所表現的是極端隨意的態度，但其實恰恰是隱藏著你內心巨大的不安。這是因為每個人都有不願意被對方識破真實心情的壓抑心理，尤其在陌生人面前，這種心理會更加強烈。所以，你會用這樣的動作來掩飾自己。事實上，當我們坐下後，還是會表現得不夠自然，甚至有些心不在焉。

　　如果你面對的是非常熟悉的朋友或家人，這個動作展現的就不是上述的不安心情，而是一種隨意且與對方態度平等一致的表現。

　　有些人坐在椅子上後，會出現搖擺不定、不停抖動腿部，或用腳尖輕輕拍打地面的動作，這些小動作其實是在告訴別人，你現在的內心有些焦慮不安或有些緊張，對眼前的人或事感到厭煩。如果你與別人並排坐著，還做出前述這種動作，則對方會認為你對他感到反感，想與他保持距離，卻礙於面子又不好意思更動。這時，你在對方心中的印象肯定會受到影響。坐下後，腰部馬上向後靠，令整個上身都靠在椅背上，同時伸出兩腳。這種組合性的動作其實向別人暗示「不論發生什麼事，我都可以隨時起來應付」，因此這也是你在向對方表現你的心理優勢。另外，它顯示出一種與對方交談不會感到緊張的心理狀態。

　　與以上動作相對的，是淺淺地坐在椅子上的動作，這會令對方覺得你比他處於弱勢地位，而且你的內心很緊張，缺乏安全感。所以，你會發現，當你處於這樣一種坐姿時，對方通常不會與你談論重要的事，或對你有所要求，因為對方認為你此刻並沒

有做好交談的準備。

　　當人們坐下時兩腿自然地分開，可能還會有一些搓腿的小動作。通常，這個動作不容易被發現，因為它常常是在桌子下方進行的。人們會將一隻手（或雙手）放在一條腿（或雙腿）上，然後反覆地摩擦、搓揉腿部。當出現這個小動作時，即使其他腿部動作很自然，這個動作卻已出賣了我們內心的緊張和焦慮，透過揉搓腿部可以進行自我安慰。而且，反覆地搓腿可能是因為我們緊張到手心出汗，這樣做是想透過擦乾手心的汗來消除緊張感。我們經常會從螢幕上看到這樣的場景：員警在審問嫌疑人時，總會仔細觀察嫌疑人是否有不斷搓腿的動作。如果有，就說明他此刻非常緊張和焦慮，他說的話有可能是在撒謊；或者他對目前這個問題感到憂慮。這些小動作，都會成為員警斷案的重要線索。

3　「彈弓式」坐姿會給他人怎樣的印象

　　「彈弓式」坐姿是兩手扠腰姿勢的坐姿版本，與兩手扠腰時一樣，手肘具有威脅意味地向外凸出，唯一的不同點在於這種姿勢中兩隻手不是放在腰上，而是放在後腦勺上。

　　這種姿勢基本上屬於男性專用的身體姿勢。男人通常用這種姿勢給其他人施壓，表面上看起來是要營造出一種輕鬆自如的假象，事實上是想擾亂他人的感官，讓對方錯誤地產生安全感，而在不知不覺中陷入他預先埋好的陷阱。

　　這種坐姿是許多職業的象徵性姿勢，如會計師、律師、銷售經理等，都習慣做出這種姿勢。

　　另外，如果你經常自我感覺高人一等，或是對某件事情的態

度特別強勢、自信時，也可能會在不自覺中做出這個姿勢。這種姿勢所傳遞出的信息就是：「我完全可以解決這個問題」，「我知道所有問題的答案」，或「一切都在我的掌控之中」，甚至是「我是非常聰明的」……等等。在外人看來，這是一種內心非常有自信的人會做出的姿勢。有些管理階層的職員經常會做出「彈弓式」姿勢，尤其是新近得到晉升的男性經理也會突然開始習慣地做出這個姿勢，哪怕他在被提拔之前很少做出這種姿勢。

除此之外，當人們想要獲得屬於自己的特定空間時，也會做出這種姿勢。如果兩個男性交談時，一方做出這種姿勢，另一方也可能會做出同樣的動作，以應對前者的挑釁。透過模仿前者的動作，兩個人又會重新建立起平等的地位。

研究人員曾經就這個姿勢做過調查，他們在一家保險公司內，發現在三十位男性經理當中，有二十七位經理經常在他們的銷售員或是下屬面前做出這種「彈弓式」姿勢。然而，一旦面對自己的上級主管，他們就很少做出這個姿勢了。相反地，當他們與上級主管相處時，這些經理更可能做出的是溫順和服從的肢體姿勢，以顯示自己對上司、對主管謙遜、服從的心理特性。

倘若你是位男性，在商務會議上做出這種「彈弓式」的姿勢，那麼女人立刻就會對你心生厭煩，因為這很明顯是一種過於驕傲自大的表現，有時傳達的甚至是一種對女性產生威脅的訊息。所以，當你在女性面前做出這種姿勢，如果女性會不時地伸手遞給你資料，或讓你放下雙手承接其他東西，強迫你改變這種姿勢時，你就要當心了，因為這很可能是對於你的抗議，暗示你的姿勢令她感到不愉快。

但是，如果你是位女性，最好也不要做出這種姿勢，因為這會讓你的胸部成為展示的焦點，而讓你處於非常不利的地位。即

「彈弓式」坐姿的祕密。

使是平胸的女性做出「彈弓式」姿勢，在其他人的眼裡，也會認為你是相對具有攻擊性的。這顯然不利於你與對方的交往繼續進行。

4　你的站姿時刻都在向外界傳達資訊

中國歷來就有「站有站相」的說法，對於一個人的評判，站立的姿勢是很重要的一個標準。

據說，唐朝武則天設立的考試中，就有一項是觀察應試者的站姿。如果站姿不夠標準，就會被淘汰。美國夏威夷大學的一位心理學家經過研究後也指出，不同的站姿往往可以反映一個人的個性特徵。不同的生活習慣、言談舉止、善惡好壞，以及意識傾向等，都會決定一個人的站立姿勢。也就是說，站姿可以展現我們的性格特徵與個人修養等。

簡單來說，標準的站姿可以歸納為「三挺一睜」，即抬頭挺直，雙目平視，嘴唇微閉，面帶微笑，自然平和；雙肩放鬆，稍向下壓，令人體有一種向上的挺拔感；軀幹挺直，兩腳微微分開，前後略有交叉，身體重心放在其中一隻腳上，另一隻腳則作為平衡作用。

不過，並不是每個人都能保持標準的站姿，因此不同的站姿也反映著我們不同的特性和心理活動。

例如，站立時身軀挺直，兩腿略分開，雙目平視前方，像一棵松樹般挺拔，則你給人的印象肯定是健康自信的，也顯得頗有魄力。如果你是一位男性，便會被女孩子認為是個有正義感、有責任感的人，因此會成為大多數女孩子追求的對象。

　　相反地，如果站立時彎腰駝背，頭部下垂，胸部內縮，略顯佝僂，則給別人的印象肯定不會太好，別人會認為你的精神正處於萎靡狀態，缺乏自信，消沉、封閉，甚至認為你有一種自我壓抑的情緒，與上述站姿挺拔的人相比，這種人在精神氣質上顯然是處於劣勢的。

　　站立時喜歡不停地改變站姿，則會給人一種性情急躁、不安分的感覺，而且會因此認為你的身心正處於緊張狀態，不適宜進行更進一步的交往。

　　如果站立時習慣將一隻手插入褲袋，另一隻手放在身旁，給人的感覺是你的性格有點陰晴不定，有時極易相處，有時又冷若冰霜。因此，在與你相處時會覺得不太舒服，你的人際關係有時可能不會太好。如果將兩隻手都插進褲子口袋裡，那麼你應該屬於城府比較深的人，不太容易在別人面前過於表露自己的情緒，性格也偏於內向保守。但是，別人卻可以透過觀察你的站姿及手部動作，判斷出你的一些內心活動。

　　其實，將發出各種語言的手隱藏起來的行為，就是為了不讓對方看透自己內心警戒心理的表現，也是不夠信任對方的表現。也許我們是一邊面帶微笑地傾聽對方說話，一邊卻將插入口袋中的手握緊，一副準備攻擊的架勢。當然，這種動作也可以被視為是企圖擴大勢力範圍的職業性姿態。但不論是何意，將手插入口袋而傾聽對方說話，可以說明我們不僅不同意對方的觀點，並且有不想與對方確立親密關係的意思。

　　總之，在比較正式的社交場合，站立的姿勢是有一定講究的，比如站立時雙手不能交叉，不能雙臂抱於胸前，或雙手插入口袋內，身體也不能東倒西歪或依靠在其他物體上；另外，不要與對方的距離過近，否則會讓對方有種被侵犯的感覺，所以站立

時應盡量與對方保持一定的距離。

5　分開或交叉的雙腿，展現著不同的心理內涵

　　在人類進化的過程當中，腿部動作一般有兩個目的，一是行走，另一個就是遭遇危險時逃跑。這兩個目的都是直接受大腦支配的，所以腿部動作也是最能展現出我們思想活動的肢體部分。

　　腿部的動作所展現出來的情感活動是比較複雜的，最常見的是腿部的分開或交叉。站立時將雙腿叉開，這是個非常典型的男性身體語言，是一種想要傳遞支配意識的姿勢。將雙腿堅實地踩在地面上，代表的是一種力量和堅持。在體育比賽休息時，男隊員們通常會圍成一圈，採用這種展現胯部的姿勢，而且會不斷地變換身體的方向。之所以這樣，是因為這種姿勢能夠展示運動員們自信和團結的氣勢。

　　如果在站立時將身體的重心放在一側臀部或腿上，另一條腿略向前伸，類似佇列中稍息的姿勢，這種腿部姿勢在人際交往中也展現著一定的心理活動。通常，我們伸出的腳尖所指的方向，就是內心正在嚮往的地方或人與物。

　　有時，我們在站立時，還會做出雙腿互相交叉的姿勢。這種姿勢會向他人傳達一種保守、順從的心態，或者一種戒備心理。通常，我們的雙腿表現出這樣的動作時，都是出於一種保護自己的目的。

　　還有一種站立時雙腿分開的姿勢，這種姿勢一般由男性使用居多，表現一種強勢和佔有心理，想要獲得更多的領地，爭取更多的地位。儘管你可能在這樣站立時並沒有意識到這一點，但

分開的雙腿的確在傳達著這種爭取權力和地位的訊息。但是，在女性面前最好不要做出這種動作，因為這會給人一種仗勢欺人的感覺。尤其在商務場合，會給身旁的女性帶來壓力和緊迫感。所以，男性在商務場合最好能保持雙腿併攏。

有些人在站立時，還會呈將雙腿呈交叉的剪刀型，也就是一條腿保持直立，另一條腿與直立的腿保持交叉動作。這種動作通常給人一種「不置可否」的涵義。如果你是一位女性，這種腿部動作就代表著兩層涵義：一是繼續留在原地，不想離開；另一層涵義則是拒絕他人接近。如果你是位男性，這種腿部動作除了表示留在原地外，還表達出一種不希望對方攻擊自己的意圖。

研究發現，一些缺乏自信的人就喜歡做出這種雙腿交叉的動作。因此，在別人看來，這種動作不僅顯露出消極的情緒和戒備的心理，同時還是一種缺乏安全感的表現，甚至會引發周圍的人都做出同樣的動作。

雖然我們可能經常會做出這種腿部動作，卻不願意承認自己在做這個動作背後隱藏的緊張情緒，總會找一些諸如感覺舒服的理由來掩飾。然而，事實上，這個動作本身就已經在無意之間透露出了我們的內心情緒。

腿部的細微動作，你的消極心理已被看破

腿是距離大腦最遠的肢體，但有趣的是，它卻是最誠實的。英國心理學家莫里斯經過研究發現：人體中越是遠離大腦部位的肢體動作，越是能夠表達其內心的真實情感。因此，腿部表現出來的一些動作，哪怕是細微的動作，也可以表現我們的心理活

動。透過腿部的動作，人們會發現我們的內心變化，尤其是一些動作還會顯現出我們的消極心理。

比如，經常將兩條腿交纏在一起，亦即將一隻腳的腳尖緊貼在另一條腿上，就容易給人一種害羞和膽怯的感覺，讓人察覺你的內心似乎充滿了不安全感。尤其是女性，不論你的上半身表現得多麼自然放鬆，腿部的小動作已將你的內心表露無遺。也就是說，你的情緒是膽怯和不安的。這時，如果有人想要接近你，就會發現你的情緒充滿了牴觸之感。

不知你是否留意過，當我們在與別人進行交談時，如果我們對於對方或對方的話題感興趣時，腿部就會不自覺地伸向前方，試圖縮短自己與對方之間的距離。相反地，如果我們對於對方或其話題不感興趣或不想發言時，就會努力地縮回自己的雙腿。如果是坐著，有時還會將雙腳縮到椅子底下。這些動作都是因為我們的內心開始缺乏安全感，對於對方產生了抵抗的心理所致。

如果是男性，當你向自己心儀的女性示愛時，可能會採取一系列比較典型的男性求愛的肢體語言。比如，一隻腳伸向對方，兩腿叉開，展示自己的胯部，同時兩臂向身體兩側展開，這樣可以令自己看起來很魁梧，並且可以取得更大的空間。此時，如果做出交叉雙腿的動作顯然是不明智的，因為那是一種消極的心理情緒，會令你看起來缺乏男子漢的氣概。相反地，如果此時女性使用了典型的女性動作，表達出一種消極的拒絕姿態，如雙腿併攏、雙臂交叉，身體背對著你，盡量縮小自己所佔的空間，那麼你的努力幾乎就沒什麼太大的意義了，因為對方的肢體動作已經告訴你，她拒絕了你的求愛。

在一般類型的社交場合，令自己雙腿交叉，展現自己美麗的腿型是無可厚非的。但是，千萬不要在商務場合中做出這種姿

勢。尤其是女性，更應盡量避免與商務人士商談時做出雙腿交叉的動作，除非你穿的是「Ａ」字形連衣裙或及膝長裙，否則就會傳遞出一種消極的心理情緒，對談判不利。最好提醒自己保持一種膝蓋併攏的正規姿勢，讓自己看起來比較有教養。而且，女性在商務場合應盡量穿著合適的服裝，否則看似簡單的腿部動作就會告訴別人你的想法，以及自己對對方的好惡。

　　一個充滿消極意義的腿部姿勢，有時在他人看來會認為你是個戒備心強或處世消極的人。因此，平時應積極訓練自己保持積極、自信的身體姿勢，不僅有利於提升自己的自信心，增加自己的人格魅力，還能讓他人對你的印象大為改觀。

7　腳的動作也能顯示你的內心活動

　　如同人體其他部位的動作所顯示的訊息一樣，腳部的習慣性動作也有著自己的語言，同樣可以展現一個人的性格特徵。

　　通常，描述腳部活動的形容詞很多，這些形容詞大多是描述腳步的輕重緩急等，而這些動作的背後，反映的則是我們內心的沉穩、慌亂、寧靜、焦慮……等等情緒。我們的心情有好有壞，走路的姿勢、腳步的輕重也都各不相同。例如，「暴跳如雷」是指快節奏和重節奏；「春風得意馬蹄疾」係指一種快節奏和輕節奏。腳步的這些節奏，也是我們內心情緒的外在展現。人在心情愉快時，腳步聲往往輕鬆悅耳；感到煩惱苦悶時，就會步履沉重，腳步聲也不再和諧。試想，一個十萬火急的人，怎麼可能悠閒地邁著腳步悠哉地散步呢？

　　人的心理指向往往可以透過腳部活動洩漏出來，例如在站立

時，我們腳尖所指的通常是心理趨向。心理學家莫里斯舉例說：如果有三個男人站在一起聊天，看起來誰都沒有理會身旁的漂亮女生，但實際上每個人都有一隻腳指向她。他們的熱烈討論其實只不過是一個假象而已，都是想要隱瞞自己的真實想法，但他們的腳部活動卻洩漏了內心的祕密。

2004年3月，英國首相布萊爾對利比亞進行訪問。在利比亞首都的黎波里郊外的一個帳篷中，布萊爾與利比亞領導人格達費握手寒暄，且交談甚歡。但是，一位英國的「肢體語言」專家卻提出了一個令人非常震驚的觀點。他認為，雙方會晤時有很多細微的動作，而這些細微的動作，尤其是利比亞領導人格達費的肢體動作，顯露出他內心其實並不將布萊爾放在眼裡。

這位專家指出，布萊爾和格達費在帳篷內坐定後，布萊爾的雙手放在膝蓋上，身體自始至終都保持端正。格達費卻倚在沙發的靠背上，漫不經心地看著布萊爾，並高高地蹺起自己的左腳，左腳腳尖朝向布萊爾，不斷地晃來晃去。在阿拉伯文化中，腳上穿的鞋子被認為是不潔之物，而腳尖指向別人則表示對於對方的輕視和侮辱。因此，專家認為，格達費的這個動作表達了他潛意識中對布萊爾的輕視，他根本就不曾將布萊爾放在眼裡。

由此可見，我們腳部的動作在很大程度上都展現著內心的所思所想。比如，我們在與他人站著面對面交談時，如果我們與對方十分靠近，且與對方的腳尖相對，我們與對方的身體姿勢就會構成一個密閉的空間，這說明我們與對方很談得來，不希望被別人打擾；相反地，如果我們與對方的腳尖位置呈直角，或是以六十度左右的角度分開站立，那麼呈現出來的關係就不太深刻，即使聊得很開心，也不一定是互有好感，很可能只是單純地應酬而已。

在社會交往過程中，如果不注意自己的「腳語」，就可能被別人看透內心，使內心的祕密在不知不覺中顯露出來。

8　走路速度，展現你的個性特點

從蹣跚學步開始，就決定了我們走路的基本姿勢、特點、速度等，這不是父母所教導的，而是與我們的個性特徵有著密切的關係。走路的速度有快有慢、有緩有急，代表的涵義也各有不同。透過這個特性，我們的內心便會在無形當中顯露出來。因此，我們在走路時要小心腿腳，不只是為了防止跌倒，還要防止洩漏自己內心的祕密，因為一些動作會在不經意中就將我們「出賣」了。

如果走路時步伐穩健，不慌不忙，即使遇到十分緊急的事，還能步履沉穩，則你給人的感覺與你的步伐一樣——很「穩重」。在別人眼中，你是個精明、穩健、能幹、務實的人，做事都會三思而行，不好高騖遠。而且，你比較重視信義和承諾，是一個可以信賴的人。

如果走路時步伐急促、匆忙，就會給人一種性格比較急躁、做事認真負責、行動很有效率的印象。在別人看來，你在遇到麻煩時通常不會推卸責任，而且你精力充沛，觀點新穎，喜歡面對一些挑戰，是一個能接受挑戰的人。

比步伐急促的速度更快的走路速度，就是衝鋒型了。這種人舉步急速，性格也顯得比較急躁。不過，倘若你習慣於走路「衝鋒」，那麼你給別人的印象應該是個做事從不瞻前顧後、不輕易被困難嚇倒的人。不論遇到什麼樣的困難，你都會盡量解決，因

此是個典型的工作能手。

如果你是個端莊秀麗的女性，平時走路時是來去匆匆的，而且腳步有時會顯得凌亂，那麼你給人的印象應該是個性格爽朗、心直口快的女性，工作辦事也很認真、務實，所以工作上也比較容易取得佳績。

平時走路時腳步輕快，一副悠閒自得的樣子，那麼你一定是個身體健康、精力充沛、充滿活力的人。在工作上，你會給人一種為人處世公平、絕不會以私害公的印象；行事也以不愧於天下為原則。假如你是個主管，則你一定可以贏得下屬的信任和愛戴。

走路時斯斯文文的，雙足平放，雙手自然擺動，不會忸怩作態，你的性格應該是比較溫順膽小的，有時保守得近乎頑固。在他人看來，你可能是一個隨遇而安，沒什麼遠大的理想，對於未來也不抱太多美好希望的人。但是，你遇事冷靜沉著，不輕易發怒，這又是讓他人很欣賞的一面。

倘若你走路時經常舉步緩慢，甚至有些躊躇不前，看起來像在思考什麼一樣，又好像前面有陷阱似的，那麼你會給人一種做事顧慮重重、拖泥帶水的感覺，做事不夠積極，有時簡直有點杞人憂天。不過，你對朋友倒是很不錯的，因為你的個性決定了你在交友時是很謹慎的，因此只要認定對方是你的朋友，你就一定會對其推心置腹。

還有的人走路時總不正規，就像在玩似的，一點都不受規範，這是一種非常外向的人，對周圍的事物都很感興趣，通常又對任何事物都不會很認真，樂於接受各種各樣的意見，因此也會被他人稱為「曲線型人」。

走路姿勢「出賣」你的個性與心情

一位行為學家明確指出，「在一般情況下，要想判斷一個人的思想彈性如何，只要讓他在路上走走，就可以基本了解了。」一個人的心情不同，走路的姿勢也會不同；每個人的秉性各異，走起路來自然有不同的風采。

通常，走路時上身微傾，不是昂首挺胸，你給人的感覺便是平和內向、謙虛而含蓄的，一般不會太張揚，也不太善於言談，更談不上花言巧語了。在與人相處時，你表面上通常是沉默冷漠，而內心卻非常重情義，一旦與某人成為知己，你便是至死不渝的。

與上述走路姿勢相反的，就是走路時昂首闊步，抬頭挺胸，大步向前。如果你剛好屬於這一種走路姿勢的人，通常你會給人一種比較自我的印象，做事往往以自我為中心。但可貴的是，你做事常常能善始善終、有條不紊，因此在工作上也能取得不錯的進步。

走路時顯得拖拖拉拉，拖著步子，低著頭，不論前方何路，只管低頭前行。這種姿態必定會給人一種委靡不振、沮喪的感覺。很多將走向絕境的人，就經常會有這副表情。

要是你走路時的步伐整齊，雙手規則地在身體兩側擺動，就像軍人走路一樣，那麼你在別人眼中通常會是個像軍人一樣的人，堅強、整潔、說一不二。不過，你在決定判斷一些事情時多會偏重主觀，甚至有點過於武斷和執著，認定的事就不容易被他人所動。有時，你為了達到自己的目標與理想，很可能會不惜一切代價，犧牲一切。

有些人行走時喜歡左右觀望，目光游離不定，就好像做賊一樣，躲躲閃閃的。其實，這是一種自卑心理的表現。如果你恰好就是這種走路姿勢的人，則你平時應該不太善於與人交往，卻很在意自己在別人眼中的形象。而且，你通常還有一點自作聰明，喜歡佔一點小便宜，所以你的人緣可能不會太好。

　　一般，女性走路的姿勢都是款款搖曳的，腰肢柔軟，左右搖擺。但事實上，這種走路姿勢的女性個性並不是風騷放蕩；相反地，多數人為人善良，坦誠熱情，而且很容易與人相處，對朋友也很看重。在社交場合中，這種女性還會成為頗受歡迎的中心人物。不過，如果你是男性，若採取這種走路姿勢，左搖右擺的，則可能給人的印象不會太好，別人會認為你裝腔作勢，善於諂媚，是個小家子氣的男人，故而你可能不太討人喜歡。

　　有的人走路時感覺就像喝醉了酒一樣，步履蹣跚，左搖右晃。但是，他並非是真的喝醉了，而是一種性格的表現。如果你是這種人，則你在他人的眼裡應該是個心地善良、慷慨好施、不求名利的好人。你喜歡熱鬧，又很健談，因此人緣極佳。但是仍有一些小小的缺點，就是思想單純，做事有些粗心大意，因此常常會鬧出一些笑話。

10　走路時，注意你的雙腳姿勢

　　走路時，每個人的雙腳姿勢各式各樣，如「內八字」形、「外八字」形、腳尖朝內或朝外……等等，但每一種腳部的姿勢都透露著人們不同的個性和心理。

　　通常，如果你走路時的姿態比較隨意，沒有什麼特定的姿

勢，會給人一種慷慨、隨和、豪邁的感覺，一般都會認為你不拘小節、大方豪爽，而且比較講義氣。不過，有時你在與人爭執時，往往會誇大其詞，而且得理不饒人，這種作風有時難免會得罪人。

走路的時候，雙腳向內勾或向外撇，形成「八字形」，分別被稱為「內八字」和「外八字」，而且走起路來上半身會左右搖晃。如果你是屬於這一類型的人，那麼你可能是個不太愛交際的人，且人際關係不是很理想。不過，你比較聰明，而且做事喜歡不動聲色，企圖一鳴驚人，但因為性格比較保守，所以通常在事業上較難成功。

如果你在走路時腳尖是向內的，通常你會給人一種做事拖拖拉拉、扭扭捏捏的印象，而且沒什麼主見，缺乏魄力，是個典型的慢半拍形象。在多數人面前，你甚至不敢開口發表意見，因為怕惹麻煩，故而你比較喜愛孤獨，且人際關係並不太好，在主管或老闆面前也不太受到重用，幾乎沒有任何升遷的機會。

與走路時腳尖向內相反的，就是走路時腳尖向外的人，其性格正好和腳尖向內的人相反。你有自己的觀點和看法，做事積極認真，不會畏畏縮縮。面對困難時，果斷明快，應變力強，因此是一個難得的將才。在別人眼中，你的性格開朗，待人誠懇，因此人緣好，朋友多，大家都喜歡與你交往。

走路時，走姿輕盈，腳趾頭不著地，通常會給人一種身軀飄浮的感覺。不過，你的頭腦卻比較冷靜，城府較深，甚至會給人一種老謀深算的感覺。而且，你對金錢看得也比較重，幫助別人之後通常都會向人索要比較高昂的酬金，是個典型的功利主義者。

另有一種雙腳踏地的走路姿態，就是走路時胸膛挺起，舉步

快捷，而且雙足落地有聲。倘若你是這種類型的人，那麼你應該是個胸懷大志，對事業和未來有著美好憧憬的人；同時，你具有積極的進取心，而且肯努力肯堅持，多數都能事業有成。不僅如此，你還是個理智與感情並重的人，胸無城府，坦率真誠，想什麼就說什麼，因此也擁有非常不錯的人際關係，屬於比較理想的防禦人才。

由此可見，每個人在走路時，雙腳都會呈現出不同的姿勢，這些都成為我們個體形象的代表，成為別人了解我們、知悉我們內心的肢體語言。因此，如果你不打算被人輕易地看透性格和內心想法，在走路時需要適當注意，學會「掩飾」自己的肢體語言。

11　與對方的空間距離，展現出你的內心活動

你可能有這樣的經驗：當你漫步在人行道上，慢慢地靠近某個人到一定的距離時，這個人就會有意無意地躲避你，拉開已經縮小的空間距離。這說明，當人們在與他人相處時，都會力圖保持一定的空間距離。

每個人都有一個將自己圈住的心理中的個體空間，它就彷彿一個無形的「氣泡」，為自己「佔據」著一定的「領土」。一旦這個「氣泡」被人侵犯了，我們的內心便會產生不舒服或不安全感，就會透過變換自己的位置來逃避不快。之所以如此，是因為這種情緒給了我們消極的心理暗示，使得我們對這個人產生了不好的印象。有鑑於此，在與人交往時，我們應該適當調控自己和別人之間的身體距離，以達到積極的心理暗示效果。例如，如果

你是一位男士，在剛認識一位女士時，即使對對方有好感，也應保持禮貌的距離，否則觸動了女士的敏感神經，反而不利於你們的進一步交往。

　　從距離上還可以測出對彼此的關心，在與對方談話的時候，如果你剛一接近對方，對方馬上採取一種逃避的防衛態度，那麼就充分表露其拒絕的心意。如果談話中途為了非必要的原因而退席，這也表示對方沒有再繼續談的意思，因此急於與你保持身體距離。

　　同時，為了引起對方的注意，以加強自己的說服力，在談話時應盡量保持單手即可觸及對方身體的距離。這種本來是朋友之間的距離，如果能接近對方到這個距離之內，便可以很容易地將親切和熱情傳達給對方。

　　雙方之間距離的變化，也能透露彼此的親密程度。如果你與女友的關係進展順利，那麼你們彼此之間的距離變化應該是呈社會距離、個體距離和親密距離的漸進改變。相反地，如果約會多次，卻無法彼此拉近距離，則你與對方就需要重新審視彼此的關係了。

　　這就告訴我們，在人際交往中，我們與對方的空間距離十分重要。在美國，有一位小姐意外地拒絕了一位年輕人的求婚，理由十分簡單，就是年輕人在求婚時竟然與她相距2.5公尺，這令她感到十分惱怒，因此斷然地拒絕了對方的求婚。那麼，什麼樣的距離是交往時最合適的空間距離呢？研究人員透過實驗制訂了一個很有趣的人際空間距離標準，通常認為彼此之間相距四十五公分是最適於調情和親密交談的距離。

　　四十五至六十公分的距離，是屬於私人的空間距離，亦即個體企圖維持自己私人利益所需要的適當距離。比如，妻子可以很

😀 與對方的空間距離展
　　現不同的內心活動。

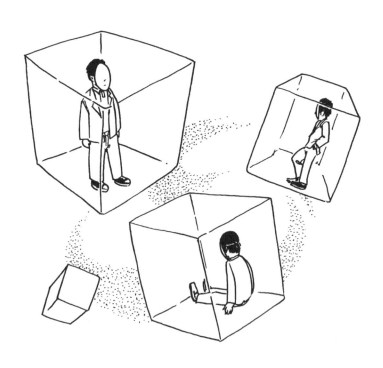

自然地待在丈夫的私人空間內，但如果有其他的女性進入這個空間，她就會醋意大發。這個私人空間距離可以延長到八十公分，基本上這與人的手臂等長，這個距離主要適用於個人問題的討論。

而八十至一百二十公分的空間距離，則適合於同事之間的交流；至於在正式場合會談的人們在交談時所保持的距離為二百一十至三百六十公分。這就是上述故事中美國小姐拒絕年輕人求婚的原因，她認為對方並沒有將自己當作戀人，而是一種「會談」夥伴。

由此可見，從我們與對方的空間距離上，旁人就能判斷我們的內心活動，知道我們是否重視對方，是否將對方視為知己……等等。

☺ 12 如何巧妙打破「身體領地」的界限

如果，在與他人交往時，我們過分侵入對方的「身體領地」，就會令對方感到不舒服，甚至認為我們不夠禮貌。但是，凡事都有兩面性，有時適當地打破「身體領地」的界限，侵入對方的「身體領地」，反而會令我們的人際關係更和諧。

在與某人交往的過程中，如果你一直注意與對方保持一定的距離，時刻注意自己不侵入對方的「領地」，那麼你們的關係可能無法變得融洽、相處得更自然。雖然你的行為讓人覺得你很有禮貌，但你卻始終不能與對方發展進一步的交往關係，因此僅能成為對方普通朋友中的一個。

其實，在與人交往時，適當且有意識地進入對方的「身體領

地」，可以讓對方逐漸接納你。只有你與對方的身體空間逐漸縮小，你與對方的關係才能有所突破。

生活中這樣的例子很多，尤其是男士們，可能會經常向朋友訴說：「我原本與心儀的女士在一起時，雖然大家都很愉快，但總感覺對方只是將我視為一個有禮貌、有教養的普通朋友。而讓我覺得不可思議的是，一次偶然的打鬧與無意間的身體接觸，反而令我們的關係有了很大的進展。」

其實，這就是因為侵入了對方的「身體領地」，使得雙方的關係變得更加融洽、自然的緣故。

每次與朋友見面時，你是不是只會與對方握握手？如果如此，那麼你們可能永遠都只能是點頭之交。但是，倘若能偶爾搭搭肩膀或擁抱一下等，以這些動作侵入對方的身體空間，反而能讓你們的關係變得更加親密起來。

有個老師因為一個學生特別調皮而煩惱不已。不論用什麼方法，都無法改變這個學生對學校和老師的冷漠態度。這位老師想了很多方法想要改善與這個學生之間的關係，可是都無濟於事。一次，老師憑藉著對身體語言的清楚認知，策劃了一個打破身體距離來征服這個學生的方法。在一節體育課，老師設計了一個遊戲，老師在遊戲中撲倒這個學生，然後不停地對他搔癢。老師這樣做無疑是嚴重地侵犯了學生的身體領地，而這個學生也不斷地反抗。但老師非但沒有結束，反而更加用勁。在這之後，這位同學逐漸對老師表示了友善，且最終和老師成為了很好的朋友。

由此可見，適當地侵入他人的身體空間對改善彼此的交往具有很好的效果。在生活中，有些高明的管理者也會採取這種方法激勵員工。例如，平時員工們會與管理者保持一定的距離。某天，管理者採用拍肩膀、握手等方式侵入員工的身體領地。這

😑 巧妙打破「身體領
地」的界限。

時，你可能不但不反感，反而覺得這是莫大的禮遇。一個不是特別禮貌的行為，反而可以讓員工感到被信任和重視。

但是，侵入別人的身體領地也要注意技巧和方式，不要剛剛與對方見面就急於進行。只有把握適當的時機，才能試探性地進入。如果對方表現出反感，一定要馬上停止。但是，如果對方身分地位較高，這個方法可能不太適合，而且還可能弄巧成拙。

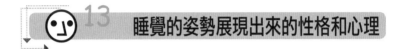

13 睡覺的姿勢展現出來的性格和心理

一個人以何種姿勢睡覺，是一種直接由潛意識表現出來的肢體語言。無論我們是熟睡還是假裝睡覺，睡姿都可以表現出我們在清醒時對外表露和隱藏於內心的某種思想感情。

睡覺時習慣仰臥者，你應該是個心胸開闊的人，而且自信心和安全感也較強，對人充滿信任，並且容易受到一些新思想的影響，因此你會有不錯的人際關係。通常，你不太容易在外人面前過分表露自己的情感，且別人不會輕易看透你。

相反地，如果你習慣俯臥睡覺，你的個性心理也與仰臥睡覺者恰好相反，給人的感覺是個性比較含蓄，經常對生活感到憂慮，卻容易自尋煩惱。當然，你對自己還是有比較清醒的認識，知道自己是誰、在做些什麼。對於所追求的目標多能夠堅持不懈，並有信心和能力去實現它。你的隨機應變能力較強，比較懂得如何調整自己。另外，你也會比較好地掩飾自己的情緒，而不讓他人輕易地看出破綻。

習慣側臥睡覺的人，在他人眼中是個性格穩健的人，了解自己的優缺點，而且處世比較謹慎、自信、樂觀。雖然有時你可能

會感到焦慮，卻不會輕言放棄。而且，你還可能是個快言快語的人，有時得罪了別人，自己可能都不知道。不過，整體來說，你會給別人留下不錯的印象，覺得你是個很爽快的人。另外，倘若你在側臥時，將雙腳的小腿和膝蓋部位完全重疊起來，那麼你在生活中應該是個處理各種關係的能手，且能夠在生活和工作中保持一定的一致性，盡量按照別人的要求來完成工作，並因此而獲得別人的好感。

如果你在睡覺時經常將身體半蜷起來入睡，類似嬰兒的睡姿一樣，則你可能是個缺乏安全感，比較軟弱的人。在別人的眼中，你的獨立性比較差，對某些熟悉的人或物有較強的依賴心理，對於陌生的人或物則充滿恐懼。在處世方面，你有些缺乏邏輯思考能力，缺乏統籌規劃，所以總給人一種辦事不利的印象。喜歡睡在床邊的人，有時可能是因為覺得缺乏安全感，但也會比較理性，能夠控制自己的情緒，盡量讓自己的情緒不外露出來，因而別人也不太容易看透你的內心。你的容忍能力較強，即使遇到很令人生氣的事，如果沒有達到一定的極限，你不會輕易地反擊和動怒。

睡覺時，臉部朝下，兩臂擺在頭部兩側，膝蓋蜷縮起來，藏在胸部下方，背部朝外，這種睡姿的人，通常都具有很強的防衛心理，而且這種心理時刻都存在於你的內心裡，隨時準備出擊。在他人眼中，你的自主意識過強，不會輕易接受或聽從他人的意見，更不會向權勢低頭。如果有人強行要求你做什麼事，你就會採取必要的措施來保護自己。

不過，別人要想知道你的睡姿，通常都會與你有十分親密的關係，這樣才可能觀察到你在睡眠時的肢體動作。如果你不想因為睡姿而曝露自己的個性和心理的話，在與他人共處一室休息時

就要多加「掩飾」。

 ## 14　微妙的腰部動作也是無聲的語言

對於人身上的肢體來說，腰部是相對笨拙而無聲的。但是，它同樣是具有相當的吸引力，尤其女性更是如此。相對於男性來說，女性的腰部語言要微妙得多，腰部也成為女性除了臀部和胸部以外最性感的肢體符號。當然，男性的腰部動作也會展現出一定的內心活動，但與女性相比則是遜色得多。

眾所周知的，彎腰行禮是日本女性的見面禮。我們發現，彎腰後形成的肢體曲線是柔美的、溫順的、流暢的，從而給人一種非常禮貌的感覺，讓人感到很受尊重。因此，在必要的時候，學會彎腰行禮會容易給人一種很有修養、很尊重對方的感覺。

與彎腰的動作和姿勢相反者，就是挺腰，而且這所傳遞出來的意思也與彎腰正好相反。通常，挺腰是表示我們的內心充滿自信，而且情緒高昂。如果在與人對峙時用力挺直身體，使身體增高，同時也可提高一些腰部的位置，則是一種對對方的嚇阻，表示不管對方採取什麼手段，你都有把握贏過對方；其實，這是試圖造成一種視覺強勢讓對方屈服。如果你經常以這種方式站立、行走或坐下，你通常會給人一種具有較強的自信心和自尊心的印象，並且有較好的自制和自律能力。不過，你的性格比較固執，而且對於新鮮事物的接受能力比較弱。

如果你是一位女性，挺腰的動作就包含好幾種意思：一種是在炫耀自己的精美首飾或漂亮衣服，這是一種虛榮心的顯露，在某種程度上甚至是一種性方面的心理暗示；另一種則是不以為意

的表現，根本不把其他人放在眼裡，即便是假裝看不起對方，也要抬高自己的身價。

前面我們曾提到過，將雙手扠在腰部站立的姿勢，通常會給人一種「母夜叉」的感覺。事實上，這是一種雙向的對外擴張，表示你的內心充滿了憤怒或力量。對於女性來說，最好不要表現出這種肢體語言和動作，因為這種姿勢很容易給人一種潑辣、霸道的感覺。而對於男性來說，這種腰部動作是比較常見的，它表示的是一種自我領地的擴張，以及對他人的防範與示威。在別人眼中，你是強勢的、佔有欲較強的。

倒扠腰的姿勢與扠腰相似，只是兩隻手拇指所呈現的形狀不同：扠腰是正八字形，倒扠腰是倒八字形，並且還要插入褲腰部位。這表示你感到有十足的優越感，同時這也是一種吸引異性的心理傾向。

撫摸腰部是一種自我安慰的動作。如果你常常覺得自己缺少他人的安慰和愛，就可能時常會做出這種動作。這種自我撫摸既是一種自我安慰的行為，也是一種自我親切的暗示，目的是為了讓自己的內心獲得溫暖。通常，你給人的感覺是比較孤僻、冷漠，且人際關係可能也不太融洽。

還有一種常見的腰部動作就是扭動腰肢。凡是女性扭動腰肢或扭動臀部，都蘊含著吸引異性的訊息，希望引起男性的注意和青睞。這種肢體語言經常會在女模特兒以及女服務生身上看到。

15　抽菸的姿勢與動作顯露內心

如果你是一位男士，你可能會經常用抽菸來調解內心情緒、

緩解壓力。當然，每個男士吸菸時都有不同的姿勢和動作，這些姿勢和動作都與其他肢體語言一樣，可以反映出我們的性格特點和內心活動。

如果你在吸菸時習慣將香菸夾在食指和中指後端，在朋友看來，你可能是個做事比較謹慎穩重的人，考慮問題也會比較周全。而且，你具有比較執著的個性，對目標會堅持到底，不會輕易改變和放棄。如果別人想改變你的看法，除非他們能提出很充分的理由，否則只會讓你更加堅持己見。因此，你的這種個性在別人眼中有時就成了一種固執己見的表現。

把菸夾在食指與中指前端的人，多會給人一種隨和的印象，能夠與朋友和睦相處。不過，你做事卻有些優柔寡斷，缺乏決斷力，並且容易受到外界的影響；做事急躁，缺乏必要的思考和準備。因此，你的這些表現常常讓人覺得你辦事不力，不足以委託重任，這在一定程度上會影響你的前途與發展。所以，要想獲得更多的機會，還需要再接再厲，不斷完善自己。

另外，有些人吸菸時，除了將菸夾在食指與中指前端外，同時還將大拇指抵在下巴上，這是一種內心強烈欲望的表現，會給人一種意志力堅強、對朋友很認真的印象。不過，你卻不會輕易向別人透露自己內心的想法，且並不太善於表達自己內心的感受。因此，在朋友和同事眼中的你顯得有些頑固和難以理解，大家會覺得與你相處起來有些困難。

若你喜歡把菸叼在唇間，雙手卻在做著其他的事情，那麼你應該是個典型的工作狂。你總是能將全部的精力都投入到工作當中，並且對自己的事業充滿自信，有時也喜歡在公開場合炫耀自己的成就，然後享受他人的讚美。在他人看來，你的自我感覺有點太良好，有些愛慕虛榮，喜歡追名逐利。不過，整體來說，你

給人的印象還是不錯的，因為你有所追求，而且肯努力，所以發展也會很不錯。

還有一種人喜歡昂著頭將菸吹向斜上方，這是一種非常高傲、輕視別人、充滿挑釁的姿勢，這種人顯得比較叛逆，有攻擊性，因此不太招人喜歡。有時還有些自以為是、唯我獨尊，不懂得尊重人和關心人。大家都覺得要與你交往必須先挫挫你的傲氣，才能真正靜下心來與你交往。所以，你給朋友們的印象並不十分好。

與之相反者，是將菸吹向下方或旁邊的人，這種人屬於一種很會體貼人、樂於照顧他人心情和感受的人。在朋友們的眼裡，你隨和親近，待人真誠熱情，並樂於接受別人的關心和友誼，並以幫助他人為樂。所以，你是朋友們眼中的「老好人」，大家都很喜歡與你交往，你也會擁有比較不錯的人際關係。

16　等電梯的姿勢，反映出你的性格特點

在繁華的都市中，高樓林立，人們上下樓都離不開電梯。不過，在等候電梯時，我們的身體姿勢，也會反映出我們的內心活動和性格特點。

比如，當我們與幾個不相識的人一同搭乘電梯時，彼此之間都會感到有些不自在，這是一種普遍存在的社會心理。因為當我們身處公共空間時，都需要有一個可以掌控的安全範圍。舉例來說，當我們一個人走在大街上，與形形色色的人擦肩而過時，我們並不會產生異樣的感覺；但如果有個陌生人與我們並肩地走在一起時，我們就會本能地放慢腳步，甚至會開始揣測一些危險行

為，或是一些無稽事件的發生可能。

　　類似的心理活動，都是由人的本能決定的。明白了這一點，我們應該學會與他人保持一定的安全距離，尤其是在乘坐電梯時，與他人保持適當的距離是一種禮貌行為。然而，在封閉的電梯空間中，人與人之間的距離不得不靠得很近，彼此也會產生一些心理反應。如果電梯是透明的，這種心理上的刺激會減少一些。這與擁擠的公共汽車和地鐵一樣，封閉的空間及靠得較近的距離，都會令人感到自身的安全正在受到某種威脅。

　　在等候電梯時，我們不可能始終都保持立正的姿勢。不同的人，在不同的場景下也會做出各種不同的反應。我們在使用電梯時的一些行為及肢體動作，便能顯露出一些心理活動，並成為別人窺探我們性格的途徑。

　　在等候電梯時，如果我們不停地按電梯按鈕，給人的印象就是性格比較急躁，缺乏耐心。有時還可能比較情緒化，做事喜歡以自我為中心，容易忽略周圍的人或事。但是，這樣的我們可能具有較強的時間觀念，做事雷厲風行，講求效率，因此是工作及業務上的好手。

　　如果我們喜歡東張西望，東看看、西看看，或者抬頭看著天花板，那麼我們給人的印象可能會是比較理性、穩重，心思縝密，做事小心謹慎；而且，是一個不太愛惹麻煩、管閒事，也不喜歡做冒險事情的人，因此在他人眼中可能有點缺乏熱情和創造力。

　　與抬頭看天花板的動作相反，低頭看著地面的人會給人一種心理防衛意識比較強的感覺，不輕易向外人透露自己的內心世界。因此，這種人的人際關係比較謹慎，雖然朋友不多，卻很精；交際不廣，但卻能與人培養起深厚的感情。

 等電梯的姿勢曝露你
的性格。

如果我們在電梯外面不由自主地來回踱步或在地板上跺腳，那麼平時在他人眼中，我們可能是個比較敏感，甚至略帶神經質的人。內心世界豐富，觀察力也強，比較相信自己的直覺和判斷力。倘若再有些藝術才華，很可能會在這方面有所成就。在朋友們的眼中，應該是個既理性又感性的人。

　　可見，日常生活中不經意的肢體動作，也能夠透露出我們的個性和心理。如果平時不太注意這些，就可能被他人藉由我們表現出來的這些肢體姿勢和動作知悉我們的內心活動。

第八章

言談之間，透露出你的心靈密碼

人類之所以能夠成為地球上擁有最高智慧的生物，其重要原因就是人類有屬於自己的語言。語言是人類思想與智慧交流、融會的媒介，是心與心之間的橋樑。同樣地，言談之間也可以透露我們的心靈密碼，所謂「言為心聲」，心有所思，口有所言，言語是思想的反映，從一個人說的話裡可以知道他的思想感情。所以，言談的風格也能反映我們的內心感受，從而成為別人了解我們個性、洞悉我們心靈的一個有效途徑。

言談風格顯示出你的內心感受

　　言談是思想的載體，思想是言談的靈魂。所謂「言為心聲」，就是心有所思、口有所言，兩者在一定程度上是息息相關的。一個人的言談風格，也可以從側面觀察出其為人處世的態度與理念。透過一個人的言談風格，還可以看出一個人的性格特徵及內心活動等。一位知名人類行為學家曾說：「人有兩種表情：一種是臉上所呈現的表情，另一種是說話時所傳達給對方的資訊。」所以，言談是人的第二種表情。

　　心理學家的研究也證實，一個人的言談方式能夠反映出其內心深處的感受。所以，透過言談方式、風格等，別人就能夠在一定程度上真實準確地了解我們。

　　如果我們平時說話直率，心直口快，想到什麼就說什麼，通常會給人坦率、真誠、心無城府的印象。

　　在一些小說中，這種語言風格多展現在英雄豪傑的身上，真誠而直白，毫無遮遮掩掩。

　　這種性格也很容易讓你贏得他人的信任，因此別人會覺得很容易與你交往。不過，凡事都有兩面性，正如一枚硬幣有正反兩面一樣，這種語言風格也容易出口傷人，因為說話太直接、太真實，不太懂得顧及對方的感受，所以有時難免傷人自尊，得罪人。

　　如果說話時大多委婉而含蓄，給人的印象多是感情細膩、內心謹慎，不太願意讓別人了解你內心的真正想法，時刻都注意著別人對你的看法和感受，所以是屬於非常理性謹慎的人，說每句話都要瞻前顧後，左右權衡，懂得拿捏分寸。但是，這種語言風

😁 言談透露出你的心靈
密碼。

213

格卻容易給人不真實、不坦誠的感受，因此別人也不太願意接近你或與你過於親密，很難與你建立比較友好的人際關係。

說話過程中經常使用一些連接詞，尤其是一些等同「不是」意義的，如「但是」、「不過」、「然而」等，對方可能會覺得你的思考能力比較強，頭腦敏銳，能言善辯。但如果這種語調反覆地多次出現，理論往往隨之翻來覆去，迫使對方緊追不捨，結果在不知不覺中就可能被對方牽著鼻子走，失去了招架能力。所以，如果我們經常使用這種語言方式，可能是平時說話比較慎重；但也正因為如此，說話難免斷斷續續，有時邏輯會顯得混亂，這其實也是一種缺乏自信心的表現。

如果是以善於傾聽方式出現的人，往往會表現出一種支配者的角色，談話的內容從不涉及對方的一些瑣事，或有關自己身邊的人，而是一些不相干的人的瑣事、祕聞，甚至知道他們的一舉一動或每一條新聞。

其實，這完全是侵犯他人隱私的行為。從男女情況的角度來說，表示你很關心對方，或非常熱愛對方，因為你是個忠實的傾聽者。但是，你非常喜歡將話題重點放在跟自己毫無關係的人身上，說明你的內心存在著一種支配欲望。也就是說，你是個沉迷於閒談名人或明星風流韻事的人。之所以如此，可能是因為你的內心很孤獨，沒有生命的激情。因為一個人過於關心自己不太熟悉的事情，並且十分熱心地去談論它們，即表示其內心世界的孤獨和空虛。

由此可見，言語交談中每個人獨特的風格、方式等，的確可以在一定程度上曝露出不同的內心感受，這也就成為他人了解我們個性特徵的有效訊息。

2 開口就說實話，也許並不能給人好印象

在人際交往過程中，我們覺得在與人交談時，開口就說實話是一種誠實、坦率且重視對方的表現。但是，事實上，不論你開口說的「實話」是真正的實話，還是只是希望別人相信的「實話」，結果可能都不像你所想像的那麼完美，別人可能並不會馬上相信你的「實話」，也不會因此就對你產生好的印象。

通常，經常開口就「說實話」，或經常說「老實說」的人，都十分在意對方對自己所陳述事件的評價，並且會很擔心對方誤解自己。因此，經常喜歡用這類語句來強調事情的真實性，以期望得到對方的認可。

為什麼我們會很擔心對方誤解自己呢？為什麼我們要一再地強調自己所陳述的事情是真實的呢？為什麼我們會那麼害怕得不到別人的認可呢？如果不是過分謙卑，那麼答案可能只有一個：我們在說謊，在對他人虛構事實，我們可能正在欺騙對方，以期達到某種有利於自己的目的。

人是一種理性的動物，但是在很多時候，人卻又會被本能所支配，所以才會經常有「下意識」、「不自覺」等情況的出現。在很多時候，言語都是被人的本能所支配，雖然絕大多數的時候，我們談話的絕大部分內容都是我們經過思考和邏輯整合才說出來的。但不管在什麼時候，幾乎在我們的談話中總是會穿插一些簡短的詞句。這些詞句可能沒有什麼特別的實際意義，對於談話的內容也不會構成什麼影響，而且不需要經過思考，因此完全可以被忽略掉。

但是，如果與談話者雙方之間的利益是息息相關的，那麼我

開口就說實話，並不
能給人好印象。

們的每句話中都可能有一些其他的涵義。因為相對於其他經過思考和邏輯加工的內容來說，這些簡單的語句可能完全是出於我們的本能，也就更能反映我們真實的內心活動。「老實說」、「說實話」、「說真的」等語句就屬於這一類。

如果在與他人談話時，我們經常以「老實說」、「說實話」、「說真的」等這些語句作為過渡語，實際上就是在不停地提醒對方不要懷疑我們，要相信我們。不過，有時我們也很清楚這種方式可能並不能讓對方馬上相信我們，反而可能會覺得我們缺乏十足的說服力，甚至認為我們在企圖掩飾事情的某些真相，因此我們才會這樣不停地強調自己所說的話的真實性。

而且，在說這類語句時，可能也是為了爭取更多的思考時間，實際上這也是在向對方透露一種訊息：我一定要想出更合適的「事實」或「語句」，讓你覺得我更可靠、更可信。

不過，如果我們在說這些語句的同時，不時地出現觸摸臉部、摸鼻子、揉搓雙手等典型的撒謊動作時，那麼對方幾乎就會百分之百地斷定：你是不可信的，你在欺騙我！

當然，以上的分析並不是絕對的，經常說「老實說」、「說實話」不代表我們一定就是在說謊，有時候只是反映了我們說話時的不自信，或反映我們的懇請之心，或反映我們「真老實」的本性。至於你在說話時到底屬於哪一種情形，只有你自己最清楚了。

3 談話之中的聲音變化，正是你個性的外在展現

一個人的心理活動和精神狀況，往往直接影響著聲音中感情

色彩的深淺濃淡。可以說，說話的音調可以直接展現出我們的喜怒哀樂等情緒變化，因此而聲音就成為他人洞察我們內心活動的線索，它不僅能表現出我們的性格，甚至就連我們是俗是雅、是剛是柔、是智是愚，都能在一定程度上展露出來。

比如，一個內心自信的人，說話時的韻律通常為肯定語氣；相反地，自信心不足的人或性格軟弱的人，他們說話的韻律常常為不確定語氣；愛撒謊的人，說話會支支吾吾，這是心虛的表現；內心平靜的人，說話時的音律平穩，顯得心平氣和；內心清順暢達的人，說話聲音清亮順暢……等等。

人說話的聲音是隨著內心世界的變化而變化的，所以：「心氣之徵，則聲變是也。」

石勒是古代羯族的豪傑。他在十四歲時，就隨同鄉經商到洛陽，曾經上東門長嘯。此時，王衍恰巧經過此處遇見石勒，覺得他很與眾不同，於是就對手下的人說：「剛才那個胡雛，我聽到他的嘯聲，觀其相貌，是個心懷異志的人，將來恐怕會成為天下的禍患。」當即派人快馬追捕，可是石勒已經離開了。

可見，聲音的強弱、快慢、高低、純濁，都能顯示出一個人內心異常複雜的情感。

通常，如果你是一位女性，經常發出高亢尖銳的聲音，說明你的情緒可能有些起伏不定，經常說出或做出一些自相矛盾的話或事，且自己毫無感覺。而且，在別人眼中，你也會經常因為一點小事而大傷感情或勃然大怒。另一方面，男性如果經常發出高亢尖銳的聲音，則會給人一種個性狂熱的感覺。

平時說話低聲細氣，會給人一種謹小慎微的感覺，別人會覺得你警覺性較高，常常有意或無意地與人保持一定的距離，不容易親近。在朋友們看來，你的性格內向、靦腆，有些優柔寡斷，

甚至缺乏自信。

　　說話聲音溫和而沉穩，會給人個性沉穩、心理素質好的印象，認為你有長者風度。在開始與你交往時，對方可能會覺得有些困難，但經過一段時間的相處就能感覺到你的忠誠、可靠。所以，你的人際關係也很不錯。只是有時你的思想有些保守，可能會給人一種過於保守、傳統的感覺。

　　說話時聲音略帶沙啞也能看出一個人的性格。通常，一個說話聲音沙啞的女性，在別人眼中都比較有個性，即使你的外表看起來很柔弱，但性格卻是很堅強的。不論對待什麼人，你都能做到親切有禮，但旁人卻不能看透你的真心，所以經常讓人會覺得你有些難以捉摸。有時，你可能會與同性意見不合，甚至受到同性的排擠，但你卻很受異性歡迎。帶有沙啞聲的男性，具有不錯的耐力且富有行動力，即使是難以克服的困難，你也能全力以赴。不過，有時你會給人自以為是的感覺，對他人的意見不太重視，所以很容易得罪人。

4　留心自己的語速變化，別被對方識破你的心理

　　人類的語言，不是動物的怒吼，也不是一種本能的釋放，而是在進行一種思想交流，同時也是心理、感情和態度的流露。其中，說話時語速的快慢、緩急等，最能直接展現出我們的心理狀態。

　　說話時的語速一直很快，像打機關槍一樣，根本容不得別人插嘴，通常是一口氣說到底。這時，你給人的感覺是性格外向，思考敏捷，應變能力強，而且言語流暢，能說善道。只要想到什

麼事情，就會眉飛色舞地說出來，有時甚至將對方的話攔腰斬斷，以便達到自己的目的。在別人看來，你是個想到什麼就說什麼的人，內心藏不住事情，有時甚至會將自己比較糗的事情講給大家聽。但是，這卻曝露了你的性格特徵，就是比較暴躁，容易發脾氣，做事武斷，有時可能會一意孤行。

與說話語速快相反的，就是說話語速平緩。這是慢性子的個性表現，說話通常都會不疾不徐。即使遇到比較緊急的事，也照樣能用雷打不動的獨特語速說話。一般來說，這種人會在無意識之中與別人保持一定的距離，而且還會採取封閉式的姿態，意味著「我不希望你知道我的心事」、「我不想讓初次見面的人看透我的內心」，當然也就不會暢所欲言了。

因此，如果你是一個說話語速平緩的人，別人會覺得你的警戒心理較強，認為沒必要讓對方知道太多有關自己的事。不過，你給人的感覺通常是溫柔、善良的，為人比較寬厚，能夠關心和體諒他人，而且思考細緻，善於謀劃，能夠聽取他人的意見，又不失自己獨到的見解。但是你也有些缺點讓別人看不慣，就是思想比較保守，缺乏自信，排斥新鮮的事物，思考不夠敏捷，有些木訥，做事也顯得猶豫不決，缺乏一定的魄力。

如果你平時說話伶牙俐齒、口若懸河、語速很快，當你面對某個人時，卻突然變得吞吞吐吐，語速慢了下來。這時候你會向外界透露出兩種訊息：一是你可能不滿對方，或是對對方懷有敵意；二是你可能有些事情隱瞞著對方，或做錯了什麼事情感到心虛，說服力不足。

當然，除此之外，也有一些特例。例如，你暗戀某人，平時你在別人面前能夠幽默風趣，談笑自如，保持著平常慣有的語速。可是，一旦面對自己喜歡的人時，你馬上就會變得語無倫次

起來，不知道說什麼好，說起話來含含糊糊，不再像平常那樣連貫流暢。通常，這表明你喜歡對方。在一些公共場合，如果你是個平時說話語速很快的人，或說話語速一般的人，此時突然放慢了語速，且說話條理清楚，就說明你是在強調自己剛才放慢速度所講的話，想要引起別人的注意，抑或是抒發自己心中的某種感情。

相反地，如果你平時說話語速緩慢，此時突然變得說話快速起來，便是表明你可能做了什麼不好的事情，或是瞞著對方做了一些對不起對方的事情。而且，此時你說話的內容也往往不太準確。

5　自己未察覺到的口頭禪成了別人了解你的線索

每個人說話時都可能會有一些「口頭禪」，這些口頭禪最能展現我們的個性特點與真實心態。因此，口頭禪便會成為別人了解我們個性特徵與內心活動的線索。

日常生活中，許多人都會經常用到「我」、「我的」等口頭禪，有時在人稱語中，也會常常用到「我」、「我們」等。如果你有這些以「我」為中心的口頭禪，那麼在別人眼中你是屬於一個自我表現欲比較強的人。心理學家研究說明，成年人之所以形成滿口說「我」的習慣，可以追溯到嬰幼兒時期。

在哺乳期，嬰幼兒與母親有一種身心合一的感覺。斷奶時，嬰幼兒的這種感覺就會受到威脅。為了避免這種威脅，他們就會叫「我」和「媽媽」等單詞，在一定程度上緩解自己的不安全感。在孩子心中，「媽媽」和「我」是不可分割的，孩子不斷強

調「我」是為了從母親那裡得到一定的安全感。經過不斷的強化，孩子就會頻繁地使用「我」來獲得安慰。

不過，雖然我們經常將「我」掛在嘴邊，但我們並不是想將自己的觀點強加於人，只是企圖強化自己的存在，屬於一種天真的表現。所以，別人在與我們交往時也會感到比較安全，不會感到我們有威脅。

如果喜歡將「絕對」、「完全」這樣的話經常掛在嘴上，你是想將自己打造成一個自信滿滿的人。但是，別人卻會認為你的行為顯得過於主觀、自以為是，甚至很幼稚。有時，當你的「絕對」被他人駁倒後，為了掩飾心中的不安，你就會找很多理由來解釋，試圖令他人接受你的觀點。其實，這時你自己可能都不相信自己的「絕對」了，只不過是為了面子死撐而已。所以，初次與你見面時，別人會對你產生信任感，但時間一久就會讓人覺得你是個言行不夠一致的人。

喜歡說「不」作為口頭禪的大部分是女性。如果你是一位女性，偏偏又有這樣的口頭禪，這會令你顯得很有女人味，說「不」恰恰展現了你溫柔的一面。心理研究發現，女性嘴上雖然常常說「不」，但心裡往往是願意的。比如，你可能經常對男友或丈夫說「真懶得理你」，事實上在你心裡卻非常想和他說話。

有些女性還喜歡說「隨便」這樣的口頭語，這種女性給人的印象很隨和，甚至有點馬虎。不過，「隨便」說多了，會讓正在進行的談話無法繼續下去，只會令人覺得你是個缺乏主見，或是沒什麼誠意的人。

經常說「我不行」的口頭禪，通常會讓人覺得你是個「滿腹牢騷」而又不思進取的人。如果你平時很謙虛，偶爾說說無妨，但時間久了變成習慣性用語，就會讓人覺得和你交往缺乏情趣，

口頭禪，成了別人了
解你的線索。

223

甚至認為你不是在謙虛，而是真的沒什麼本事。

　　假如你經常將「所以說」掛在嘴邊，乍聽起來是善於總結問題，但深究起來並非如此。別人會認為你很自以為是，是個喜歡以聰明者自居的人，認為自己說的話具有總結性和權威性，說話可能不懂得顧及別人的感受，所以會常常傷害別人的感情。

6　突然變得健談，你也許是想逃避話題

　　現實生活中，經常有這樣的事情發生：一個平時沉默寡言的小男孩，在某次考試考砸後，一見到父母可能就會不停地講學校裡發生的任何事物，就是絕口不提考試的事；一個原本內向害羞的女孩子，在喜歡自己的男孩子約自己出去時，會不停地說話……

　　仔細觀察這些現象，我們一定會發現一個問題：突然由沉默寡言變得夸夸其談的人，往往是剛遇到了一些事情，並且這些事情都是他們不願意再次提起的。說得再清楚一些，就是這些事情令他們心裡的感覺很糟糕，他們心中有「鬼」。為了不再面對這個「鬼」，他們就會想盡辦法引開話題，將對方的注意力引到其他問題上。至於那個在喜歡自己的男孩子面前突然變得滔滔不絕、口若懸河的女孩子，很可能是由於她不喜歡對方，因此不希望聽到對方表白，以避免使自己陷入一個難以脫身的境地，引起雙方的尷尬，所以才用這種方式來逃避話題。

　　因此，如果我們原本是個沉默寡言、不太健談的人，忽然在某種場合或某個人面前變得很健談，可能就是想轉移對方的注意力和思考方向，避免對方提起某些令自己和對方都感到不愉快的

話題；抑或是怕對方提出自己有可能無法應付的新問題，所以便以這種方式來阻止對方講話。

　　例如，在一個相親的場合中，正當大家你一言我一語地相談甚歡時，一直保持沉默的男方卻突然變得滔滔不絕，並開始大談特談自己公司的趣事。究竟是什麼原因呢？原來大家此刻正在談論各自的薪資問題，而這位男子不願提起他薪水較少的狀況，所以才故意岔開話題，談論其他的事。後來，大家果然就不再提起薪水的問題了。

　　因此，有時我們突然變得健談時，並不只是為了表達自己的觀點，或純粹想說話而開口，而是為了阻止某個話題繼續進行，或是不讓其他人表達才變得健談起來。尤其是我們的話突然變多時，可能就是因為正在談論的話題有我們不願意提及的事。多言並不等於善辯，有時候恰恰是為了掩飾自己的不安而放出的煙幕彈。如果對方是個深諳微表情的人，可能就會明白我們的表現背後的心理特徵。

　　但是，如果沒有什麼顧忌，原本沉默的我們突然在某個場合中變得健談時，大多數情況下是由於這個場合出現了某個特定的人或特定的事件，我們想藉由這種方式引起這個特定人物的注意；或者，我們對這個事件超乎尋常地感興趣，因此說話才會變得滔滔不絕。

　　總之，如果我們平時不是很健談的人，在某些場合下突然變得口若懸河，就可能會引起對方的注意，對方也會因此而千方百計地探查我們的心理，弄清楚我們內心的真實所想。

7　你會巧妙地打招呼嗎？

　　美國路易斯維爾大學的心理學家史丹利‧弗拉傑博士透過研究發現，從一個人打招呼的習慣用語中，就可以看出一個人自身的很多訊息，比如個性特點、當時的心理活動等。一般來說，可以揭示性格的習慣用語，是指那些與剛剛結識的友人打招呼時的用語，每一種習慣用語都能展現出我們的性格特徵。所以，打招呼有時也會成為「出賣」我們的「叛徒」。

　　人際交往中，最常見的打招呼用語就是「你好」。

　　在一些正式場合，當我們與客戶見面時，或者與陌生人剛剛相識時，都會用到這個招呼語。通常，使用這種招呼語，會給人一種沉穩、冷靜、一絲不苟的感覺，能夠很好地把握自己的感情，因此也深得客戶與朋友的信任。

　　喜歡用「嗨」來打招呼的人，會讓人感覺比較靦腆害羞，而且多愁善感，好像極容易陷入到一種尷尬為難的境地。所以，你可能會因為經常擔心出錯而不敢做出一些具有創新性和開拓性的事，比較保守。但是，有時你也會表現得很熱情，深得他人的喜歡，尤其在與家人或知心朋友在一起時更是如此。

　　經常喜歡用「喂」打招呼的人，看起來開朗活潑、精力充沛，而且在朋友眼中，是一個直率坦白的人，思考很敏捷，且富有幽默感；而且，你很善於聽取他人不同的見解，因此你會擁有不錯的人際關係。

　　如果你與別人見面時，喜歡用「過來呀」等類似的語句打招呼，說明你是個辦事果斷的人，喜歡創新和冒險，而且樂於與他人分享自己的思想和感情，並能及時從失敗當中記取教訓，所

以，你會給人一種很勇敢且富有衝勁的印象。

見面就問對方「你怎麼樣」，並以此來作為打招呼的語言，說明你比較自我、愛出風頭，希望自己的行為言語能引起他人的注意，而且時刻都對自己充滿了自信。不過，在做事方面，你會給人一種比較縝密細心的印象，喜歡反覆考慮，不會貿然採取行動。一旦你接受了某項任務，你就會全力以赴地投入其中，不達到目的誓不甘休。所以，在朋友們的眼中，你是個做事善始善終的人。

「見到你很高興」也是常用的打招呼語。如果你經常用這句話作為招呼語，那麼你在他人眼中是個性格開朗、待人熱情，是一個熱心的人，喜歡參與各種各樣的事情，對於他人的困難不會袖手旁觀，因此也容易獲得他人的好感。不過，你也是個喜歡幻想的人，經常會被自己的情感所左右，令自己感到困惑不已。

見面就問對方「有什麼新鮮事」的人，是個雄心勃勃、好奇心極強的人。凡事都喜歡追根究柢弄個明白。而且，你很熱中於追求物質享受，並會為此而不遺餘力。你的做事風格是計畫周密，有條不紊，因此在工作上能獲得不錯的成績，也容易獲得上司的賞識和重用。

你的幽默談吐，也是你心靈祕密的展現

幽默是聰明和智慧的展現。一個具有強烈幽默感的人，往往都能擁有良好的人際關係。其實，我們每一個人都具有一定的幽默感，只不過表現方式不同而已，並且還可能受到時間、空間等各種條件的限制。不過，當我們在談吐中表現出一定的幽默感

時，我們的性格特徵和心理活動就會隨之顯露出來。因此，幽默也會成為別人洞察我們心靈密碼的一種途徑。

在人際交往中，如果你是個善於用幽默打破僵局的人，那麼你應該具有不錯的隨機應變能力，反應較快，因此你的人際關係也會不錯。因為你的出色表現，你很容易成為受人關注的對象。當然，這種關注也恰好迎合了你的心理，因為你通常有比較強烈的表現慾望，總是希望得到他人的注意與認可。

第二次世界大戰期間，艾森豪將軍前往視察一支陷入困境的部隊。當時，艾森豪是歐洲戰場的盟軍總司令。對於他的到來，美國士兵報以了熱烈的掌聲。艾森豪在講完話準備下台時，一不小心摔倒在泥漿裡，沾了一身的泥巴。士兵們見狀面面相覷，但艾森豪站起身後竟風趣地說：「泥漿告訴我，我對你們的巡視是極其成功的！」士兵們哄然大笑。

艾森豪將軍用幽默瞬間打破了僵局。透過他的幽默語言，人們也看到了他的聰明和機智，以及面對突然而至的僵局，處變不驚的大將風範。

假如你善於用幽默來自我解嘲，那麼你首先需要有一定的勇氣，敢於對自己自我嘲諷，這不是一般人可以做到的。

倘若你能做到這點，那麼你在別人眼中會是個心胸寬闊、勇於自我批評的人，比較能夠接受他人的意見和建議，發現自身的錯誤並進行改正。你的這種氣質，容易令他人對你產生敬佩之意，為自己帶來比較不錯的人際關係。

相反地，如果你總是用幽默來挖苦別人，從不自我調侃，則你給人的印象多是心胸比較狹窄，甚至有強烈的嫉妒心理。因此，你的人際關係並不怎麼樣。如果你經常嘲諷他人，則只能說明你有較強的自卑心理，生活態度比較消極，常常對自己自我否

定，只能藉由嘲諷他人來獲得內心的安寧。所以，你每天所想的，就是如何挑剔和嘲諷別人，或者算計他人。其實，卻從未讓你自己真正地開心過。

與用幽默挖苦他人的作法相似的，就是用幽默的方式嘲笑、諷刺他人，這種作法要比挖苦他人稍稍「人道」一些。如果你是屬於這類型的人，那麼你給人的第一印象往往是相當機智、風趣的，對任何事物都有細緻入微的觀察，能夠關心和體諒他人。但事實上，你卻是相當自私的，在乎的可能只有自己。在為人處世各個方面，你總是相當地小心謹慎，凡事總想比別人做得更好、更快一些。而且你嫉惡如仇，如果有人曾經傷害過你，你一定會想方設法讓對方付出代價。當他人取得成績的時候，你會故意貶低其人，以便讓自己的內心感到好受些。

如果你喜歡製造一些惡作劇似的幽默，你在別人眼中是個活潑開朗、熱情大方的人。你在言談舉止等各方面都能表現得相當自然和隨便，不喜歡受到拘束，比較頑皮，愛與人開玩笑。當然，你也希望將快樂帶給身邊的人，所以你通常會擁有很好的人緣。

有時，我們為了向他人表現自己的幽默感，常常會事先準備一些幽默的笑話，然後在許多不同的場合不厭其煩地說。這說明你很在意自己在他人心中的印象，所以想刻意引起他人的注意力。然而，事實上，你的生活卻是很嚴肅、拘謹，甚至有點古板，因此與你相處久了的人會覺得你有些乏味。

與人談論不同話題，也能被人識破心理

日常與人交談時，任何事物都可能成為我們談論的話題。

雖然我們在談話時不會隨便透露自己的資料，但隨著談話的進行，我們喜歡談論的話題內容卻會在不知不覺或有意無意之中曝露出內心的祕密。

如果我們常常談論自己，包括自己的經歷及自己的家庭等，則我們給人的印象是性格外向，主觀意識較強烈，愛表現和公開自己，多少有點虛榮心。

反之，如果你很少在他人面前談論自己，包括曾有的經歷、自我性格，以及對一些事物的看法、觀點等，則你給人的印象會比較內向，感情色彩不鮮明也不強烈，主觀意識比較單薄，甚至有些自卑心理。當然，也可能是因為你具有較深的城府。

與人交談時，倘若你是個喜歡談論國家大事的人，說明你的視野和目光比較開闊，具有長遠的目光和宏偉的規劃，而不是局限在某一個小圈子裡。在別人眼中，你是個有理想、有抱負的人。

相反地，如果你喜歡談論生活瑣事，那麼你應該是個居家型和安樂型的人，喜歡享受安逸舒適的生活，與世無爭，平易近人。在朋友的眼中，你比較重視家庭，因此家庭關係及家庭生活往往能處理得比較好。

喜歡談論他人隱私，說明你具有強烈的支配欲，但又缺乏領導能力，希望藉由談論他人的私事，尤其是他人的隱私、醜事來獲取心理上的優越感。一般來說，你的內心比較空虛，也沒什麼知心朋友。

　　如果你的談話內容多傾向於金錢，你給人的印象會是個超現實主義的人，往往一沒有錢就感到十分惶恐和不安。你甚至會錯誤地認為，自己身邊所有的人或事都是追逐金錢生活的。由此可知，你的內心其實是十分缺乏安全感的，生活比較乏味，即使累積了很多財富，也難以感到滿足，所以你是個很難快樂起來的人。

　　如果你喜歡幻想未來，經常憧憬著自己未來的生活，說明你是一個熱愛生活、愛幻想的人。倘若你能將幻想付諸行動，則說明你注重計畫和發展，實實在在地去做，很可能會取得一番成就。相反地，如果只是停留在口頭說說而已，那麼你最終也難成一事。

　　如果你與對方相處的時間不長，交情也很普通，你就忙不迭地把心事一股腦兒地向對方傾訴，並且完全是一副苦口婆心的模樣。這在表面上看是很容易令人感動的，但是你很可能轉過頭就又向其他人談論同樣的事情，說出同樣的話。因此，表面看起來你很重視對方，其實你是完全沒有誠意的，故而你絕不是一個可以深交的人，更難以有什麼知心的朋友。

　　在與別人談話時，如果經常談論一些不明確的話題，一般是說明你此刻有以下兩種心理。一種心理是，如果在談話中你總是不斷地轉變話題，或者把話題扯得很遠，說明你此刻的注意力不夠集中，說話缺乏條理性、邏輯性，思考能力很差，而且缺少必要的寬容、尊重、體諒和忍耐。還有一種心理，就是你根本就忽視了別人的談話，而喜歡扯出與主題毫不相干的話題，這說明你具有極強的支配欲與自我表現意識。如果你是一位領導主管，出現這種情況就說明你在任何場合都想佔據主導地位，表現自己的領導慾望，同時還可能有擔心大權旁落的心理負擔。

10　常說錯話，說明你有些表裡不一

　　有一則小故事：一次，奧地利的下議院院長在宣告會議即將開始時，一不小心將「會議開始」說成了「會議結束」。下議院院長之所以說出這樣的錯話，是因為要讓這次議會順利進行的難度很高，所以院長心中便時刻都有「希望會議盡早結束」的想法，這個想法就出現在他不經意的話語中了。雖然他本人在潛意識中很清楚地知道，會議是一定要進行的；但在潛意識中又感到恐懼，希望會議不要召開。二者互相矛盾、衝突，因此便引發了這樣一個小意外。

　　在生活當中，我們都會在一些無意識的情況下說出奇怪的話。心理學家佛洛伊德認為：說錯、聽錯或寫錯等「錯誤行為」，都是將內心的真實想法表現出來的行為。

　　通常，我們在說錯話後都會馬上給予解釋，比如將自己是「一不留神」、「不小心」，自己「不是故意的」等作為說錯話的藉口。但事實上，那些說錯的話才是我們真正想說的，是我們內心的真實想法。

　　由此可見，倘若我們經常在人際交往中「說錯話」，事後再試圖解釋，別人就會推斷我們是在掩飾真正的自己，是個表裡不一的人；而且會認為我們的心裡正在很強烈地禁止自己把這些真心話說出來。

　　2004年8月30日，美國全國廣播公司播放了他們對總統布希的一段電視採訪。當記者問道：「您覺得我們能打贏這場（反恐）戰爭嗎？」布希毫不猶豫地回答：「我覺得我們贏不了。」布希的一席話頓時引起一片譁然。雖然在一天後布希總統尷尬地

收回了前言，但事實上當時布希的內心一定是這樣想的。儘管布希覺得自己在當時這樣說很不恰當，但還是沒有「管住」自己的嘴，說出了「不該說的話」。

事實上，「這種話絕對不能說」、「這件事絕不能說出去，一定要小心」、「一定得管好自己的嘴，不能亂說」，當你越是這樣想的時候，便越容易將這些話說出來。相信你在日常生活中一定也有過類似的體驗；例如當朋友約你去喝酒時，你不想去，那麼你可能馬上就會說出：「我不想去。」然後你覺得這樣拒絕可能太過強硬了，便又馬上會找理由解釋：「我今天不舒服。」「我其實很想去，可是今天真的沒時間。」其實，「我不想去」這個才是你內心最真實的想法。

11　客套話，能讓別人看清你的真心

在人際關係中，說些客套話是難免的。尤其是在商務活動中，要想擁有圓滿而順利的交往，適度的禮貌是很重要的。客套話幾乎人人都愛聽，但客套話並不是人人都會說的。你對別人說客套的話，如果恰如其分，適合其人，對方一定十分高興，對你也會產生好感。假如你開口閉口就說出一大堆晦澀難懂的客套話，或顯得過分牽強、不自然，反而會弄巧成拙。

客套話在人際關係中發揮重要作用，而且透過客套話也能展現一個人的內心活動，比如，在說這些話時是否真心？這些話中是否含有其他的涵義？所以，客套話很可能會成為別人看清我們內心的途徑。

在某種無關緊要或很親密的人際關係中，如果雙方了解得

已經很深刻了，就沒必要使用客套話。如果你在很親密的人際關係群中，突然地對對方使用客套話，反而會讓人感到很意外，並開始懷疑是否在你們之間出現了新的障礙？或者認為你是不是很嫉妒或敵視對方？因為客套話用多了不見得就是表示尊敬，往往也可能含有輕蔑或嫉恨的因素。比如，某些生活在都市的人，對外來的人說話就很客氣。換個角度說，這或許就是一種強烈的排外表現。因此，這樣便無法與人融洽相處，常給人留下冷淡的印象。

如果你喜歡使用名人名言、典故，或借用語作為客套話，通常會給人一種權威的印象。因為你不但在使用別人的語言來表達自己的意思，還透露出一種超越自我以上的東西，這就是一種自我擴張的表現欲。

如果你總是對人說一些晦澀難懂的客套話，令人聽得一頭霧水，不明就裡的，不僅不能夠達到「客套」的作用，反而讓人感到厭煩。事實上，你說的這些客套話並不能引起對方的好感，反而讓人覺得你是在利用語言來防衛自己的弱點。其實，你這樣做只是想加重自己說話的分量，顯示自己的見多識廣，抬高自己的身分和擴大自己的聲譽，藉以引起他人的注意罷了。不過，結果可能是適得其反。

這也告訴我們，在人際交往過程中，對不同的人要使用不同的客套話。面對一個商人，如果你說他有學問、有道德，清廉自守、安貧樂道，他一定不高興；如果說他才智過人、手腕靈活、交際廣泛、發財即在目前，他聽了必定會非常高興。面對一個官吏，如果你說他生財有道、財源廣進，他聽了一定不高興；如果誇他是「先天下之憂而憂，後天下之樂而樂」，一身清廉、兩袖清風，他聽了必定高興。總之，根據對方職業性質的不同，我們

要學會說與他職業相關的客套話。

「人告之以有過則喜」，但並不是每個人都有子路這樣的度量。現實生活中，有些人義正詞嚴地一再強調自己不喜歡客套話，樂意聽取批評，其實這不過是他們的場面話。如果你當真，真的指責批評他們的缺點，他們的心裡一定非常不高興，表面上不一定會顯現出來，但內心卻十分不安，和你之間的感情就只會變淡，絕不會再增進。

12 言辭過於恭順，也許並不是好事

任何的社會交往都是在交際雙方所結成的心理距離中進行的。所以，適當的心理距離也是社會交往獲得成功的一個重要因素。在交往中，語言則是拉近或推遠相互之間心理距離的必要條件。要想擁有圓滿而順利的社會生活，有分寸地使用一些恭敬的語言是很有必要的。在不同的場合、不同的時間，為了不同的目的，恰如其分地使用這類語言，往往能達到事半功倍的效果。但是，凡事都是「過猶不及」，如果言辭太過恭順並不是好事，反而會讓你顯得比較膚淺，缺乏深度。

我們知道，適度的禮貌是建立良好人際關係的方法之一。人與人之間的禮貌具備一定的形式和措辭，每個人都應該在社會交往中適當遵循。然而，「殷勤過度，反而無禮」。法國作家拉伯雷就曾說過：「外表態度上的禮節，只要稍具知識即能充分做到；但若是想表現出內在的道德品行，則必須具備更多的氣質。」這也就是說，從言辭到行動總是恭敬順從的人，在氣質上可能會顯得有所欠缺。

　　通常，表現得很恭順、經常使用恭敬語的人，在別人的印象中是接受新生事物的速度很快的人，遇到新鮮言辭就能在日常生活中運用，而且總是會有躍躍欲試、不吐不快的衝動。但這種人的缺點也是很明顯的，讓人認為是缺乏主見，容易反覆不定、猶豫不決，性格顯得比較軟弱。其實，如果我們能真正靜下心來認真研究問題，鍛鍊意志，很有可能會成為業務上的高手。

　　在與人交往的時候，很多人總是喜歡低聲下氣，始終使用恭敬的語言、讚美的口氣說話，表現得很恭順。幾乎每個人都愛聽恭敬、讚美的話，因此在初期交往時，對方也許會感到有些不好意思，且不會對我們產生厭惡感。然而，隨著交往的日益深入，對方便會逐漸察覺出我們的態度，而且可能會感到有些氣惱。這時候對方對我們的印象，可能就會變為：「那傢伙原來是個表面恭敬、口是心非的人！」

　　日本語言學家樺島忠夫說：「敬語顯示出人際關係的親疏、身分、勢力，一旦使用不當或錯誤，便會擾亂彼此之間應有的關係。」所以，在一些無關緊要或特別熟悉的人際關係中，我們根本就沒有必要使用恭敬語，否則反而顯得生疏、不自然。如果你在很親密的人際關係群中對某人突然使用恭敬語說話，對方可能會認為你們之間是不是出現了什麼不愉快？如果在與對方交談時常常無意識地表現得過於恭順，使用敬語，則對方可能會認為你們彼此之間的心理距離已經拉大了。有時，過分地表現恭順，使用敬語，還表示一種激烈的嫉妒、敵意、輕蔑和戒心等。所以，當一個女人對男人說話時，若使用過多的敬語，絕對不是表示對他的尊敬，反而是表示「我對你一點意思也沒有」，或是「我根本就不想和你接近」等強烈的排斥情緒。

　　由此可見，善於使用禮貌用語，大多能表現得和藹可親、平

易近人，容易與周圍的人建立和諧的人際關係；相反地，如果言辭過於恭順，使用不恰當的恭敬語，反而會給人一種虛偽、口是心非、和「拍馬屁」的感覺。

13　說粗話，並非因為好色

男人們聚在一起，可能都會說一些「有傷大雅」的粗話，尤其是一些涉及禁忌的詞彙，更是有人偏愛，好像只有這樣才能展現出男子漢的特色和氣魄。不過，說粗話並不是因為這個男人好色或粗俗，而是由於內心的某些期待得不到滿足，才會出現粗話連篇的言辭。

生活中我們會發現，孩子們尤其是男孩子很多都喜歡說粗話。為什麼會這樣？要知道，如果孩子在父母面前說些粗語，一定會受到父母的斥責。所以，粗話只能成為孩子們和同伴之間在相互遊戲時的用語。孩子們彼此都知道，這些粗話並沒有什麼特別的惡意，只是一種「遊戲」而已。這種「遊戲」卻能夠滿足他們擺脫父母教訓的叛逆心理，讓他們覺得自己也能和大人們說一樣的話，想說什麼就說什麼。

因此，我們可以肯定，喜歡說粗話的人多是屬於在某些方面的期待得不到滿足者。如果你恰好是屬於這類人，應該很清楚自己的感受，你經常會覺得焦躁不安，可是又沒有辦法排解。經年累月，只要碰到偶發事件，就可能會借題大肆發揮。累積後的「爆炸」並不一定只是針對自己不滿的對象而產生，一旦被我們逮到機會，不管在什麼場合、什麼時間，針對什麼人，我們都可能照「粗」不誤。不過，粗話畢竟不是什麼好話，說者可能無

心，但難免聽者有意，所以即使有時我們不是有意的，聽話者的心裡卻很不舒服，會產生「豈有此理」、「太粗俗」等感覺。

還有些人喜歡有意無意地在異性面前講粗話，其樂趣在於觀看對方的反應。這類人常常有意選擇那些對異性和性方面的問題發生興趣，但對於淫穢語言不具有抵抗力，且懷有來自生理方面憎惡感的女性，在不適當的時候提及這類話題。也就是在不該講粗話的時候脫口說出粗話。

比如，在上班時間，當女同事送文件過來時，或乘主管埋頭工作之際，對女職員講一些粗話，以欣賞她們的窘態。女職員們聽到這些粗話後，大多都會顯得面紅耳赤，或者手足無措，而這正是他們喜歡看到的。對這類人來說，說粗話只是前奏，觀看女性的反應才是其真正的樂趣。

如果你剛好屬於這種類型的人，那麼你也可能是由於某種欲望得不到滿足而產生了粗言惡語，但你並未考量到說粗話可能會招致什麼樣的後果，至於是否會傷害他人，就更不曾考量到了。

另外，有時我們想要與對方拉近心理距離時，也可能希望借用粗話來吸引對方的注意力。

這時，說粗話是在有意地降低自己的身分以抬高對方，使對方在得到心理上的滿足後，能夠向自己敞開接納的大門。

可見，說粗話有時並不代表好色或者淫穢，只是為了發洩內心的不滿，或者達到某種需求。但是，粗話畢竟不是什麼文明的語言，不利於保持良好的人際關係。儘管粗鄙的言語不是針對某人，也無意傷害他人，但對方聽了肯定不會覺得舒服，對你的印象也可能會大打折扣。所以，在人際交往時還是應該盡量克制自己不要隨便說粗話。

14　在辯論中，你的性格已被看透

　　我們知道，依些主管或老闆可以透過辯論從中判斷出一個人才學的高低和真假。如果領導者可以製造機會，讓大家唇槍舌劍一番，自己隔岸觀火，是很容易識別出誰是真正的人才的。因為在辯論當中，一個人的性格、心理，以及知識水準、才華、能力等，都會展現出來。

　　在辯論的過程中，如果我們習慣根據事實，講道理，將事情的始末說得清清楚楚，道理講得明明白白，讓他人心服口服，那麼我們會給人一種穩健大方、思路清晰、反應敏捷的印象。通常，其他人會認為我們看問題也能掌握住事情的重點，而且態度從容，不緊不慢，為人處世有理有據，是一個可委以重任的人。

　　如果在辯論中能將對方說得啞口無言，或使得對方拂袖而去，不願再跟你辯論。從這個意義上說，你是個勝利者，憑藉犀利的言辭戰勝了對方。在別人的眼中，你是個頭腦敏銳，能迅速找出他人講話漏洞而伺機反駁的人，你的一張巧嘴能把黑說成白，把錯說成對，儘管對方知道你是無理地，卻很難在一時之間找出確切的話語來駁倒你。因此，你會是一個業務、外交、法律界的好手。但是，你可能有些好勝心切，強詞奪理，因此要當心聰明反被聰明誤。

　　在與他人交談時，如果彼此的意見一致，且你也與對方談得和諧融洽。一旦意見相左，你可能會爭論幾句就離開；或者彼此模稜兩可，談得不冷不熱，漸漸因尷尬而停止談話。這說明你不太善於與他人交往，說話聊天也會給人一種過於被動的感覺，別人問一句你答一句，很少主動引起話題。但在說到感興趣的話題

時，你立刻就像換了一個人似的，會變得侃侃而談，妙語如珠，甚至會激動起來。在他人看來，你只適合談論某一領域的話題，興趣比較單一。因此，與你交往的人，都是與你有著共同的愛好，否則就會感到比較枯燥乏味。

與不善交談的人相反的是善於交談的人，這種人一旦發現對方聽不進自己說的話時，就會立刻轉換話題，或採用迂迴戰術，先說些對方愛聽的話，找到對方感興趣的話題，取得對方的認同後，再逐漸回到原來的話題上。通常，你很容易獲得大家的好感，而且善於思考，會察言觀色，是個社交方面的高手。

另外，有一種喜歡辯論的人，經常都是氣勢凌人，得理不饒人，在談話的過程中總想著要說服對方、打倒對方，甚至叫人永遠不能翻身。如果你屬於這類的人，那麼你肯定是個很自以為是的人，總認為真理是掌握在自己手裡的。只有對方偃旗息鼓，自己才算勝利。因此，在與別人談話時，很容易就可能與人發生爭執。

但是，從本質上看，你是個弱者，喜歡將很多時間和精力都用在勝敗的較量上。其實你從爭辯的勝利中根本得不到什麼，對方無法得到快樂，你自己也同樣得不到快樂。因此，這讓人認為你就是個容易衝動、表裡不一的人，雖然不怕困難，能做到艱苦奮鬥，卻很難取得成功。因為你過於偏愛辯論，樹敵頗多，因此人際關係不好，沒有什麼朋友和知心人。事實上，你的內心充滿了害怕和孤寂，只是為了掩飾這種心情，你才經常以高聲辯論來掩飾自己的怯懦，表現出自己的強大。

可見，言為心聲，從辯論中也能展現出我們與他人不同的個性與才能，而別人也能從彼此辯論的過程中，漸漸弄清楚我們的秉性及內心活動。

15　打電話也能讓自己「被出賣」

　　隨著現代通訊技術的發展，電話成為人與人交流不可缺少的工具之一，而且它的作用隨著現代化程度的提高而日益顯著。由於經常性地使用這種通信工具，我們逐漸養成了屬於自己特定的打電話的語言習慣。這些習慣同樣是我們性格本質的反映，而且會在不知不覺中表露出來。所以，透過打電話，我們也會被自己所「出賣」。

　　有的人打電話時聲音總是很小，彷彿怕被別人聽到一樣；有的人打電話時聲音非常大，就怕別人聽不到似的。對於這兩種表現完全不同的情況，自然也展現出不同的個性特徵。打電話聲音小的，通常會給人一種為人處世小心謹慎的感覺，性格可能比較內向、不張揚；相反地，打電話時說話聲音很大的人則會被人看成是表現欲比較強烈的人，無論走到哪裡，都想要自我表現一番。這會給人一種自信滿滿的感覺，只要有機會，就願意大膽地「秀」自己，即便打電話也不例外。

　　在打電話時會故意提高音量，以期引起別人的注意，甚至有時還故意讓別人聽到自己的談話內容，因為談話中可能會提到一些令自己覺得很有面子的事，所以自然很希望別人能夠聽到。這種性格可能會令你受到主管的賞識，但這經常阻礙你與同事之間的關係，因為你太愛表現自己，太愛出風頭，可能會經常搶了別人的風頭，這就難免引起其他同事的妒忌和不滿。「木秀於林，風必摧之」，如果一個團體裡有一個人太出色，再加上其人太喜歡表現自己，這便很容易把自己與其他同事的距離拉遠了。你的出色總是讓其他人顯得很平庸，這些人必定會對你的表現不滿。

漸漸地就形成一股反抗的力量來與你對抗，即便你不會被排擠出去，你自己也很難在團體中獲得好的人緣。

如果你比較喜歡煲電話粥，經常抱著電話短話長說，通常都是想借助電話來訴說自己的苦悶。當然，談話內容中也可能包括很多無聊的話題。這種習慣往往是一種憂鬱或心理壓抑的表現，因此迫切地希望找到一個對象來傾吐一番，否則就有如同坐牢的感覺。在別人看來，你有些爭強好勝，總是沒完沒了地對他人傾訴，且不管對方有沒有空、愛不愛聽，或者能不能將你的事當回事，總之，你就是想讓對方聽，而且不達到目的絕不甘休。開始時，可能可以讓人對你比較同情，也樂於傾聽你的談話；但是，久而久之，你打電話時說的都是些類似的話題，對方會逐漸感到厭煩。因此，你在別人心目中很可能會逐漸成為一個「怨婦」形象，讓人對你是唯恐避之不及。

此外，如果我們有不分時間地給別人打電話的習慣，有時可能因為公事，有時則因為私事，這都不太會給人留下好印象。因為這是不太禮貌的行為，讓人認為你太過於自我，很少顧及他人的感受，心裡只有自己，沒有他人。倘若給他人留下了這種印象，很可能讓你很難在朋友圈中建立良好的聲譽。

16　吵架時的語言展現出來的個性特徵

勺子和碗天天待在一起，總會有碰撞的時候。人與人之間也一樣，彼此再親近也難免會有爭吵的時候，因為每個人的相處與表達方式都不同。

但在彼此不和時的爭吵聲中，很多性格相似的人也會表現出

驚人的相似。比如，有些人一吵起架來就精神百倍，因為吵架可以刺激腎上腺素的分泌，令人覺得興奮，而這種興奮卻是事情順利時無法感受到的。相反地，有些人害怕自己因為吵架生氣，所以總是竭力避免爭執，即使不可避免地出現爭吵時，也期望盡快結束。可見，透過吵架時的言語，也能看出一個人的性格特徵。

吵架時經常使用激烈的言辭，說明你是個很容易動怒的人。雖然一開始你只是針對某一件事而爭吵，但很快地你就會擴大到人身攻擊上，數落對手的每一件錯事，甚至攻擊對方的隱私。在這場爭執中，你實在是個很差勁的戰士，別人會透過你在吵架時的表現對你平時的良好印象大打折扣，甚至感到不可思議：平時表現那麼出色的人，怎麼一吵架就變得像個潑婦？真是看錯他了！相信這種評價對你今後的工作和生活是不太有利的。

在吵架時總會表現得很無辜，並會透過看似無辜的言辭去攻擊對方，例如「你實在是反應太過度了，我想你應該和別人討論討論這種現象。」你不想與對方討論任何事情，只保持沉默做自己想做的事，而且無論對方說什麼，你都不會改變心意。在他人看來，你的這種表現其實是希望以一副得意揚揚和高人一等的姿態來贏得這場爭執。

不論多麼激烈的爭吵，如果你的反應都是冷靜應對，不讓自己流於情緒化的表達方式，那麼你在別人眼中就是一個理性、講道理，而且是聰明的人，認為激烈、爆發式的反應不過是製造雙方情感的分裂。和你這樣的人吵架，對方會覺得很沒意思，因為你永遠都是贏家。你的個性讓你能夠透過理性的觀點去說服他人，使得一場爭吵很快地就平息下來。

吵架時喜歡翻舊帳的人，是那種腦容量與大象差不多大小的人，因為有足夠的能力將陳年舊帳全部搬出來細數一番。在這

其中，你會認為彼此關係中的每一件事都值得重視。雖然你們的吵架方式讓人覺得可笑，但對方卻不得不驚歎你的記憶力和分析力。通常，在這種爭吵中，你都是可以佔上風的，因為大多數人只擁有普通的記憶能力。只是吵過之後，恐怕你在別人心中的印象就有些改變了，別人可能會開始覺得你是個斤斤計較、小雞肚腸的人，如果他惹了你，你也會把他的過去統統翻出來「閱覽」一遍。對大多數人來說，有些舊帳還是不想被翻出來的。

　　動不動就是最後通牒，也是吵架的一種。只要你感到自己要輸了，被逼急了，便使出這個武器：「我已經忍無可忍了，我要離開！」其實，你無法忍受的是事情不如你意，而這個最後通牒會讓你感到自己威力大增。不過，如果有一天，對方對你說：「好！現在就走，我才不在乎呢！」這時，你必須要面對現實所帶來的恐懼，因為你可能根本就沒有勇氣離開。

後 記

　　現今市面上有許多教讀者如何識別他人的書，卻很少有告訴讀者如何不被他人識別的書。很多時候，我們渴望識別他人，尤其是在一些商務活動中，我們很希望透過一些表情、動作、言談舉止……等等，知悉對方的心理活動及情感特徵，同時據此及時調整自己的狀態，以應對對方的挑戰。但是，我們同時也希望自己的內心活動不要輕易被他人識破，自己在他人面前能保留充分的隱私。這就出現一個問題：我們該如何在獲悉對方的性格特徵及心理活動的同時，可以讓自己「隱藏」得更好？

　　《表情心理學》這本書，正是滿足了這部分讀者的需求。它的重點就是讓讀者透過自己的微表情特徵，了解其透露出來的特殊涵義，從而弄清哪些細微的表情和動作會把我們自己的內心想法「出賣」出去，哪些會讓別人看穿我們的內心。在書中，我們盡量避免枯燥的理論和大段的論述，而是注重結合實際，使之更具有實用性和可操作性。我們還在書中列舉了一些生活中可能出現的其他狀況，使讀者能比較有系統地掌握這方面的知識。我們相信，如果讀者能在人際交往過程中嘗試這些方法，一定可以有所收穫。我們希望，閱讀此書後，大家能在各種社交活動中如魚得水，做出成績。

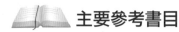 主要參考書目

1.石贇編著‧《3秒識人——慧眼識人的心理洞察術》‧北京理工大學出版社，2009年

2.勇鵬編著‧《會察言會觀色會讀人》‧天津科學技術出版社，2010年

3.李抗著‧《5分鐘看穿人心》‧北京大學出版社，2010年

4.項賢兵編著‧《看誰在說謊——身體語言密碼高級解讀手冊》‧朝華出版社，2009年

5.萬鐘、李廣編著‧《透過細節看人心》‧中國華僑出版社，2007年

6.晨曦編著‧《心理學與讀心術》‧吉林出版集團有限責任公司，2010年

7.〔英〕亞倫‧皮斯、芭芭拉‧皮斯著‧王甜甜、黃佼譯‧《身體語言密碼》‧中國城市出版社，2007年

8.王超著‧《瞬間看透身邊人》‧中國畫報出版社，2010年

華志文化事業有限公司
HUACHIH CULTURE CO., LTD

11664 台北市文山區興隆路 4 段 96 巷 3 弄 6 號 4 樓
E-mail：huachihbook@yahoo.com.tw　電話：(886-2)22341779

【紙本圖書目錄】

書號	書名	定價	書號	書名	定價
		健康養生小百科 18K			
A001	圖解特效養生 36 大穴（彩色 DVD）	300 元	A002	圖解快速取穴法（彩色 DVD）	300 元
A003	圖解對症手足頭耳按摩（彩色 DVD）	300 元	A004	圖解刮痧拔罐艾灸養生療法(彩色 DVD）	300 元
A005	一味中藥補養全家（彩色）	280 元	A006	本草綱目食物養生圖鑑（彩色）	300 元
A007	選對中藥養好身（彩色）	300 元	A008	餐桌上的抗癌食品（雙色）	280 元
A009	彩色針灸穴位圖鑑（彩色）	280 元	A010	鼻病與咳喘的中醫快速療法	300 元
A011	拍拍打打養五臟（雙色）	300 元	A012	五色食物養五臟（雙色）	280 元
A013	疼痛革命	300 元	A014	你不可不知的防癌抗癌 100 招(雙色)	300 元
A015	自我免疫系統是最好的醫院	270 元	A016	美魔女氧生術（彩色）	280 元
A017	你不可不知的增強免疫力 100 招(雙色)	280 元	A018	關節炎康復指南(雙色)	270 元
A019	名醫師教您：生了癌怎麼吃最有效	260 元	A020	你不可不知的對抗疲勞 100 招(雙色)	280 元
A021	食得安心，醫學專家教您什麼可以自在的吃（雙色）	260 元	A022	你不可不知的指壓按摩 100 招(雙色)	280 元
A023	人體活命仙丹：你不可不知的 30 個特效穴位（雙色）	280 元	A024	嚴選藥方：男女老少全家兼顧的療癒奇蹟驗方（雙色）	280 元
A025	糖尿病自癒：簡單易懂的 Q&A 完全問答 240	260 元	A026	養肝護肝嚴選治療：中醫圖解，快速養護臟腑之源	280 元
A027	微妙的力量：大自然生命療癒法則	260 元	A028	養腎補腎嚴選治療：中醫圖解，快速顧好生命之源	280 元
A029	養脾護胃嚴選治療：中醫圖解，快速養護氣血之源	280 元	A030	胃腸病及痔瘡的治療捷徑	280 元
A031	排毒養顏奇蹟：吃對喝對就能快	199 元	A032	很小很小的小偏方：常見病一掃	260 元

	速梳理身上的毒素			而光	
A033	怎樣吃最長壽：延緩衰老，先要吃對，再要吃好	260 元	A034	你不可不知的排毒解毒 100 招	260 元
A035	醋療驗方：中國歷代日常生活常見病療法	250 元	A036	10 分鐘足浴養生：快速祛除人體的各種疾病	220 元
A037	養生不用靈丹妙藥：健康的心態勝過 10 帖的補藥	220 元	A038	最適合百姓的中醫養生絕學	220 元
A039	中醫醋療寶典：用醋也能快速治百病	240 元	A040	很小很小的小偏方：中老人疾病一掃而光	260 元
A041	簡易中藥手冊：有病治病，無病強身，百益無一害	250 元			
					260 元
醫學健康 25K					
C201	骨質疏鬆症簡單療癒完全問答 140	220 元	C201	應對失眠的簡單療癒疑問巧答 100	220 元
C203	全世界 10 幾億華人都在用的小偏方	220 元	C204	祖傳救命小偏方	240 元
C204	本草綱目中的 100 種常用養生藥材	240 元			
全方位心理叢書 25K					
C301	吸引力法則：一個埋藏千年從上帝到不知來源的能量	199 元	C302	心理定律：引爆人類智慧光芒的 198 個人性法則	199 元
C303	兩性心理學 72 變：幸福不會來敲門，愛你的人總在心靈深處	260 元	C304	腦內革命：驚人的潛意識力量	199 元
C305	自然心藥：幸福人生的心靈處方	240 元	C306	給予一種真愛：兩個孤獨，一對寂寞	260 元
C307	24 堂生命改造計劃，活出奇蹟人生	199 元	C308	情緒操控術：即使有一萬個苦悶理由,也要有一顆快樂的心	189 元
C309	失落的百年致富聖經	199 元	C310	情緒心理學：破解快樂背後的超完美行為控制術	199 元
C311	引爆潛能：喚醒你心中沉睡的巨人	199 元	C312	世界潛能大師 16 堂奇蹟訓練	199 元
C313	肢體語言心理學：瞬間捕捉陌生人的微表情	199 元	C314	每天讀一點博弈術：事業成功將會大大的提升	199 元
C315	微表情心理學：一眼就能看穿他人的內心世界	199 元			

	世界名家名譯系列 25K				
C401	烏合之眾	240 元	C402	自卑與超越	260 元

	心理勵志小百科 18K				
B001	全世界都在用的 80 個關鍵思維	280 元	B002	學會寬容	280 元
B003	用幽默化解沉默	280 元	B004	學會包容	280 元
B005	引爆潛能	280 元	B006	學會逆向思考	280 元
B007	全世界都在用的智慧定律	300 元	B008	人生三思	270 元
B009	陌生開發心理戰	270 元	B010	人生三談	270 元
B011	全世界都在學的逆境智商	280 元	B012	引爆成功的資本	280 元
B013	每個人都要會的幽默學	280 元	B014	潛意識的智慧	270 元
B015	10 天打造超強的成功智慧	280 元	B016	捨得：人生是一個捨與得的歷程，不以得喜，不以失悲	250 元
B017	智慧結晶：一本好書就像一艘人生方舟	260 元	B018	氣場心理學：10 天引爆人生命運的潛能	260 元
B019	EQ：用情商的力量構築幸福的一生	230 元			

	口袋書系列 64K				
C001	易占隨身手冊	230 元	C002	兩岸簡繁體對照手冊	180 元

	休閒生活館 25K				
C101	噴飯笑話集	169 元	C102	捧腹 1001 夜	169 元
C103	寫好聯，過好年	129 元	C104	天下對聯大全集	129 元

	諸子百家大講座 18K				
D001	鬼谷子全書	280 元	D002	莊子全書	280 元
D003	道德經全書	280 元	D004	論語全書	280 元
D005	孫子兵法全書	280 元	D006	菜根譚新解	280 元
D007	荀子新解	280 元	D008	孟子新解	280 元
D009	冰鑑新解	250 元	D010	素書新解	250 元
D011	周易新解	250 元	D012	36 計新解	240 元

	生活有機園 25K				
E001	樂在變臉	220 元	E002	你淡定了嗎？不是路已走到盡頭，而是該轉彎的時候	220 元
E003	點亮一盞明燈：圓融人生的 66 個觀念	200 元	E004	減壓革命：即使沮喪抓狂，你也可以輕鬆瞬間擊潰	200 元
E005	低智商的台灣社會：100 個荒謬亂象大解析，改變心態救自己	250 元	E006	豁達：再難也要堅持，再痛也要放下	220 元
E007	放下的智慧：不是放下需求，而是放下貪求	220 元	E008	關卡：生命考驗必須凝聚的九大力量	220 元

E009	我們都忘了，知止也是一種智慧	200元	E010	百年樟樹聽我說話	200元
E011	鹹也好淡也好，人生自在就好	179元	E012	現在就是天堂：人生的行李越簡單越輕盈是最大的幸福	230元
中華文化大講堂 18K					
D101	母慈子孝（彩色版）	250元	D102	鍾博士講解弟子規	250元
D103	鍾博士談：尋找中國文化精神	230元	D104	鍾博士談：中華傳統文化價值觀	179元
D105	人生寶典：中華文化千年不朽的處世智慧	250元	D106	女人的福是修來的	220元
佛學講座 25K					
G001	占察善惡業報經義疏暨行法	300元	G002	生命佛法：體驗人生最高享受	250元
命理館 25K					
F001	我學易經的第一步：易有幾千歲的壽命，還活得很有活力	250元	F002	易經占卜：大師教你自己看演卦一初級篇	199元
F001	周易三才學	400元			

【純電子書目錄（未出紙本書）】

書號	書名	定價	書號	書名	定價
歷史館					
E101	世界歷史英雄之謎	280元	E102	世界歷史宮廷之謎	280元
E103	為將之道	280元	E104	世界歷史上的經典戰役	280元
E105	世界歷史戰事傳奇	280元	E106	中國歷史人物的讀心術	280元
E107	中國歷史文化祕辛	280元	E108	中國人的另類臉譜——非常人	280元
E109	中國歷史的驚鴻一瞥——非常事	260元	E110	中國名將之先秦亂世	300元
E111	中國名將之王朝戰神	350元	E112	中國名將之亂世豪傑	350元
E113	中國名將之文韜武略	350元			
勵志館					
E201	學會選擇學會放棄	280元	E202	性格左右一生	280元
E203	心態決定命運	280元	E204	給人生的心靈雞湯	280元
E205	博弈論全集	350元	E206	給心靈一份平靜	280元
E207	謀略的故事	300元	E208	用思考打造成功	260元
E209	高調處世低調做人	300元	E210	小故事大口才	260元

E211	口才的故事	260 元	E212	思路成就出路	250 元
E213	改變命運的心態與性格	220 元	E214	IMAGE 打造你的黃金形象，善用 48 個輕鬆定律	250 元
E215	啓發人性的故事	300 元	E216	小故事大啓發	300 元
E217	每天給自己 60 秒心靈正能量，打造 100%生活熱情	280 元	E218	工作苦水變活水	250 元
E219	選擇與放棄：有所得必有所失，有時候捨棄會更好	250 元	E220	輕鬆學會做人做事：巧妙的 52 個成功心計	250 元
E221	輕鬆學做事：巧妙的 53 個成功心計	250 元	E222	做你想做的事：獲得事業成功和精緻生活的法則	250 元
E223	危機和困境需要機遇及挑戰	300 元	E224	給自己一個成功的習慣	180 元
E225	20 幾歲耐住寂寞，30 幾歲打破沉默	250 元	E226	幽默的力量：以詼諧的形態表現美感的生活智慧	240 元
E227	取捨：選擇是一種智慧，放棄是一種福氣	220 元			
軍事館					
E301	世界歷史兵家必爭之地	280 元	E302	戰爭的哲學藝術	280 元
E303	兵法的哲學藝術	280 元			
中華文化館					
E401	中華傳統文化價值觀	260 元	E402	人生智慧寶典	280 元
E403	母慈子孝(黑白)	220 元	E404	家和萬事興	260 元
E405	找尋中國文化精神	260 元			
財經館					
E501	員工的士兵精神	250 元	E502	老闆是你的第一顧客	280 元
E503	世界頂尖名牌傳奇：超級名牌從來沒有告訴過你的秘密	250 元			
人物館					
E601	影響世界歷史的 100 位帝王	300 元	E602	曾國藩成功全集	350 元
E603	李嘉誠商學全集	300 元	E604	時尚名門的品牌傳奇	280 元
E605	世界最有權力的家族	280 元	E606	書香世家的流金歲月	280 元
心理館					
E701	表情心理學	280 元	E702	肢體語言密碼	280 元
親子館					
E801	教育孩子的 80 種美德	220 元	E802	哈佛教子枕邊書	250 元
E803	父母教育孩子的魔法棒	240 元			

• • • • • • NOTE • • • • • •

國家圖書館出版品預行編目資料

微表情心理學：一眼就能看穿他人的內心世界 /
王志豔作. -- 初版. -- 新北市：華志文化, 2016.04
　　面；　公分. -- (全方位心理叢書；15)
ISBN 978-986-5636-49-4 (平裝)

1.行為心理學　2.肢體語言

176.8　　　　　　　　　　　　　　　105002960

系列／全方位心理叢書 C３１５

書名／微表情心理學：一眼就能看穿他人的內心世界

Ｋ 華志文化事業有限公司

作　　者　王志豔
執行編輯　林雅婷
美術編輯　簡郁庭
封面設計　王志強
文字校對　陳麗鳳
企劃執行　康敏才
總　編　輯　黃志中
社　　長　楊凱翔
出　版　者　華志文化事業有限公司
電子信箱　huachihbook@yahoo.com.tw
地　　址　116 台北市文山區興隆路四段九十六巷三弄六號四樓
電　　話　02-22341779
印製排版　辰皓國際出版製作有限公司

總　經　銷　旭昇圖書有限公司
地　　址　235 新北市中和區中山路二段三五二號二樓
電　　話　02-22451480
傳　　真　02-22451479
郵政劃撥　戶名：旭昇圖書有限公司（帳號：12935041）

出版日期　西元二○一六年四月初版第一刷
售　　價　一九九元